ビッグデータが明かす

医療費のカラクリ

油井敬道

日経プレミアシリーズ

はじめに

我が国の医療費はどのように使われているのだろうか。

本書は25年間、61万5000人の生活習慣病患者、1350万回受診の実際の電子カルテデータの統計解析をもとに、医療費の使われ方を検証したものである。

この大規模なカルテデータ分析によって、保険医療費の約1割を占める生活習慣病の医療費が、有効に利用されていないことを実証する結果となった。

こうした医療費の非効率な部分を改善すれば、生活習慣病患者や保険組合の負担を減らすことができる。

国民医療費は、2019年度に前年度より約1兆円増加し44・4兆円となった。これはGDPの7・9%に相当し、国民の生活費用でもある家計と政府部門の消費支出に占める割合は10・7%になる。国民医療費とは、社会保険や国民健康保険（国保）および後期高齢者

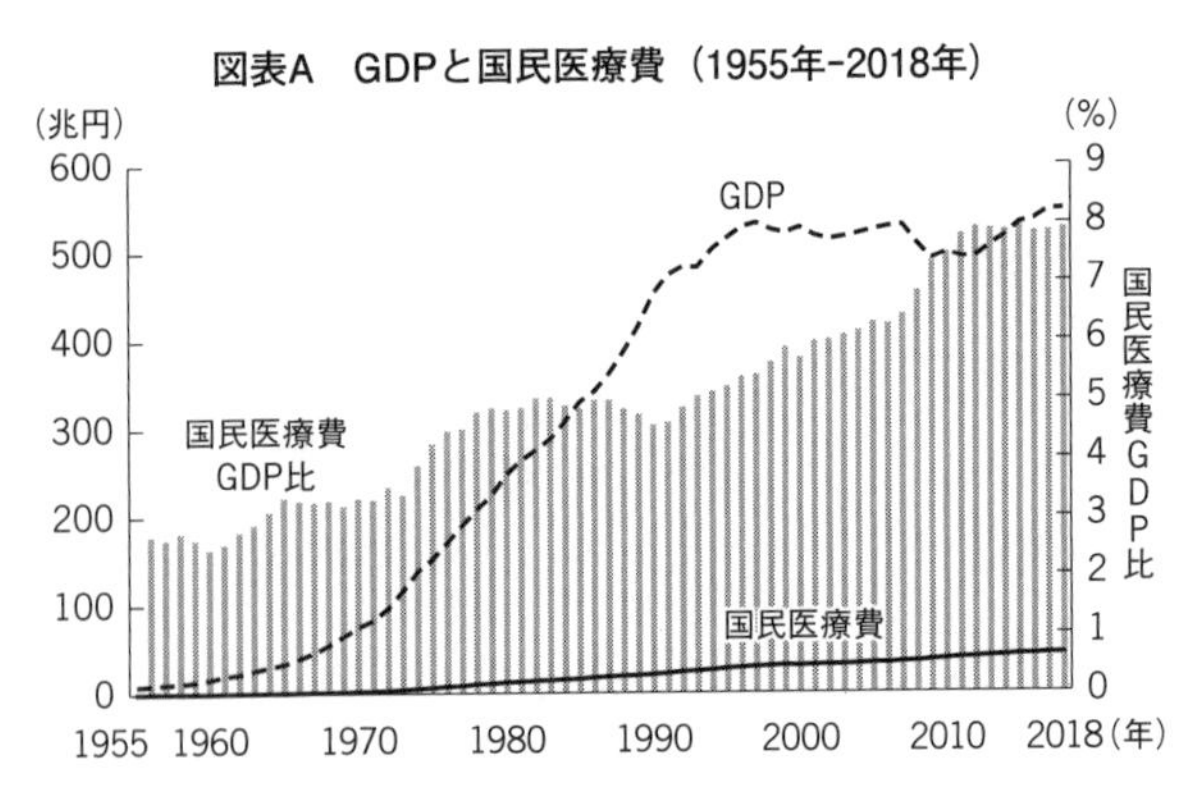

図表A　GDPと国民医療費（1955年-2018年）

（出所）厚生労働省 平成30年度国民医療費を元にアライドメディカル作成

医療制度の保険料と患者の自己負担、さらに税金で負担されている医療費の総額である。

国民医療費をトレンドで見ると、過去50年間に21倍、20年間で１・４倍に増えている。国民の収入も増えているとはいえ、ＧＤＰすなわち国内総生産に占める比率で見ても１９６９年は３・２％、１９９９年が５・８％、２０１９年が７・９％と増えてきている（図表Ａ）。

高齢者はとりわけ医療費がかかるので、日本のように人口が増えず平均寿命が延びる国では、国民所得に占める医療費、すなわち国民が消費する医療の量は、団塊の世代の人口が減ることで一時的に増加率が鈍ることはあっても、中期的にみれば大きくなるのは自然の成り行きだと言われている。

ＧＤＰに占める医療費比率が高くなること自体

が、医療保険制度の欠陥であると考える人もいる。しかし福祉の観点、言い換えると国民の幸福という観点では、医療費が増えることが本当に悪いことなのだろうか？　医療費とは、法人や国家でなく消費者が消費するものであり、その恩恵も直接的にすべて消費者が受けるものである。この費用が増えることは幸福度が上がることではないのか。

私たちは洗濯板を捨てて洗濯機を買い、マイカーで自由に旅行し、固定電話をスマホに替えてきた。これらに使うお金は増えてきたが、それは決して悪いことではなく、消費を増やすことでより快適で幸せな生活を獲得してきたことに他ならない。

本書は、医療保険によって支払われている医療費が、規制と自由競争が絡み合った環境の下でどのように決まるのか、医療費が決まるシステムとそのカラクリを理解し、考えていくものである。その結果、医療費をよりうまく使って国民の幸福度をより高める方法があることがわかった。

鍵を握るのは患者であり、健康保険組合などの保険者である。両者がともに行動することで、法律や医療制度の変更をしなくても国民の幸福度を高めることができるのである。

目　次

第　1　章

同じ病気でも、
医療費はずいぶん違う

生活習慣病とはどのような病気か

高血圧症・糖尿病・脂質異常症は、少し前まで三大成人病、今日では生活習慣病と呼ばれている。本書を正確に読んでいただくために詳細な説明をしたい。

まず、医師がそれぞれの患者のカルテに最初に書かなければならないのは病名である。自動車事故を起こして車が損傷した時、修理代を保険で支払うためには、警察の情報をもとに自治体の自動車安全運転センターが発行する事故証明書が必要になる。そうでないと、故意に車を壊しても、保険で新車を買えることになってしまう。もっとも、交通事故証明書は保険会社が契約者のかわりに取得する場合が多いようで、車の所有者が自分で取りにいくことはないようだが。

健康保険も同じである。医師は、患者に対して治療を行った手数料や使用した材料などを、保険者に請求している。一般に患者は医療費の3割を負担するが、残りの7割は保険者が支払う。たとえば「全国健康保険協会東京支部」とか、国保なら「新宿区」のような機関に対し、病院や診療所が毎月1回、患者ごとにまとめて請求書を送り、医療費を受け取っている。

自動車事故と同様に、保険者からお金をもらうためには、患者に対して治療を行ったという情報が必要である。それにはまず病名が必要である。医師にとって病名は起点となる事項であり、カルテに記載しなければならないものだ。高血圧症という病名を書き忘れて、高血圧症の薬を処方した請求書を提出すれば、保険者はその不備をチェックして病院に送り返してくるから、病院はお金をもらえない。

厳密に言えば、高血圧症は病気ではないとも考えられる。血圧が高くなってしまう原因が、本当の病気であり、高血圧は症状に過ぎない。腎臓の血管障害で血圧が高くなる「腎血管性高血圧症」や、肺動脈の血流が悪くなることが原因で血圧が高くなる「肺高血圧症」という病気がある。しかし、日本では9割の高血圧症患者は、こうした明らかな原因が見つからない高血圧症である。しかし、治療する必要はあるので、「本態性高血圧症」という病名が規格として定義されている。

脂質異常症も同様である。こうした病名には「症」がついているようだ。

糖尿病には遺伝性の1型と生活習慣病の2型がある。これらは、尿にブドウ糖が出てくる症状は腎臓障害が原因であることがはっきりしているから、症状を病名としていると思われる。

血圧は正常な人でも常時変動するし、激しい運動をすれば２００㎜Hgを超えることもあるという。測定のタイミングによっても大きく変動する。学会では、病院における測定で収縮期１４０㎜Hg以上、または拡張期90㎜Hg以上を高血圧症と定義している。

糖尿病は、空腹時に血液中のブドウ糖が多いか、あるいは積極的にブドウ糖の溶液を飲んで、一定時間経過後に血液中のブドウ糖の減り具合が少ない、あるいは赤血球がブドウ糖と結合している率が高いことを、病気の判断基準としている。

血液中のブドウ糖の量は、正常な人でも空腹時と食後で70〜１４０㎎／dlほど変動する。しかし、健康であれば、食後に高くなってもすぐ下がる。糖尿病の人は変動幅がこの2倍になることがあり、下がり方も悪いので血液中に常時たくさんのブドウ糖が含まれている。

脂質異常症は、以前は高コレステロール血症または高脂血症と呼ばれていた。コレステロールの種類によっては高いほうが良いものもあるので、高脂血症から脂質異常症に変更したとみられる。脂質異常症も血液中の脂質量を基準に判断しており、ある正常範囲より高いか低いかで脂質異常症と判定される。

10年間のカルテから生活習慣病を見る

生まれたときから生活習慣病という人はまずいない。およそ40歳代になると、それまで健康だった人が高血圧症などの生活習慣病になる。高血圧症・糖尿病・脂質異常症は、いずれも初期には何の症状もないので、積極的に病院に行って診断されることはなく、定期健康診断で最初に指摘されることがほとんどだ。発見されるまでは病気ではなかった人が、発見された後に病気と診断され、そのまま継続する。

だから1人の患者について、10年間のカルテデータを見たときに、最初の5年は高血圧症ではなく、後半の5年が高血圧症の場合、生活習慣病の対象患者である時期とそうでない時期があることになる。そのため、当患者を生活習慣病であるかどうかを厳密に区別することはできないが、来院ごとに見ると、生活習慣病の状態とそうでない状態のどちらかに区別できる。

本書の分析は内科系の病院を対象としている。病院により違いはあるが、5年から25年くらいの間のカルテを収集しており、総来院数は約1350万回、総患者数は61万5000人である。そのうち、一度でも生活習慣病が理由で来院した患者数は9万2000人、全患者

図表1-1　生活習慣病の重複状況
（9万2000人患者、のべ500万回の来院時カルテより）

生活習慣病診断	来院数	比率（%）	高血圧症患者の重複状況（%）	2型糖尿病患者の重複状況（%）	脂質異常症患者の重複状況（%）
1診断（脂質異常症）	647,728	13			23
1診断（2型糖尿病）	293,929	6		16	
2診断（2型糖尿病+脂質異常症）	286,413	6		15	10
1診断（高血圧症）	1,425,491	28	37		
2診断（高血圧症+脂質異常症）	1,141,647	22	30		40
2診断（高血圧症+2型糖尿病）	496,386	10	13	26	
3診断（高血圧+2型糖尿病+脂質異常症）	801,889	16	21	43	28

（出所）アライドメディカル作成

の12％を占める。来院の回数で見ると、生活習慣病による外来来院は約500万回で、すべての来院の約37％を占める。

内訳は、高血圧症350万回（生活習慣病全体の70％）、糖尿病170万回（同34％）、脂質異常症270万回（同54％）である。来院比率でみれば高血圧症が圧倒的に高く、糖尿病は少なく、脂質異常症はその中間となる。3つの病気を合計すると790万回となり、全体の1・6倍近くになる。これは高血圧症かつ脂質異常症の人が一度受診したときに、それぞれの病気に1回ずつ加わり、重複するからである。

重複状態を見てみよう（図表1－1）。

まず高血圧症患者の来院をベースに他の病気を見ると、高血圧症だけで糖尿病や脂質異常症のない人の来院は37％、脂質異常症のある人が30％、糖尿病のある人が13％、糖尿病と脂質異常症もあり3つの生活習慣病を持っている人が21％である。高血圧症は成人病の7割を占めるが、4割近くが高血圧症単独の診療なのである。

糖尿病ではかなり様子が違う。糖尿病単独は16％しかなく、3種の生活習慣病すべてを持っている人は43％もある。残り41％は2つの病気がある。糖尿病は生活習慣病の4割しかないが、他の病気も持っている割合が非常に高いのだ。

脂質異常症は単独が23％、高血圧症との重複が40％と非常に多く、3つ重複が28％、糖尿病との重複が10％である。高血圧症と糖尿病の中間的な重複状態だが、特に高血圧症との重複が多い。

生活習慣病が引き起こす病気とエンドポイント

生活習慣病がどのような性格をもった病気なのか、ビッグデータをつかって理解してみよう。

高血圧症がなぜ良くないのかと言えば、長く放置すると血管の状態が悪くなり、心筋梗塞や脳梗塞のような重い病気になる率が高くなるからである。そして、血圧が高いことそのものも、心筋梗塞や脳卒中などの重い病気にかかることも、治療の効き目の判断基準、物差しになり得る。そうした物差しになり得る指標のことをエンドポイントと総称する。

血圧も心筋梗塞もエンドポイントになり得るが、その重みは当然異なってくる。高血圧のような「過程」に相当するものを代理のエンドポイント、心筋梗塞や脳卒中のような「到達点」を真のエンドポイントと呼ぶ。

そして心筋梗塞が減るとか、余命が延びるとか、真のエンドポイントにおける改善があるかどうかで、治療の本当の価値が分かる。

本書では真のエンドポイントを単にエンドポイント、そうでないものは代理エンドポイントまたはサロゲートエンドポイントと呼んでいる。サロゲートは代理という意味だ。

高血圧症でなくても歳をとればエンドポイントが発生しやすくなるし、高血圧症だけの人よりも糖尿病を併発している（併病という）人は、エンドポイントが起こりやすい。過去に血管系の病気を経験している場合もエンドポイントの発生に影響する。

どのような要素がどの程度エンドポイントに影響を与えるのかを、カルテデータを統計処理して推計したものが、巻末に記載した図表Bである。

これは「コックス比例ハザードモデル」という医療研究でよく使われる統計手法を使っている。3種の生活習慣病それぞれについて、年齢、性別、治療開始時の検査値、2つの既往症、2つの併病の7つの属性が、エンドポイントに対してどの程度の影響を与えているのかなどを調べたものである。医療統計の専門家にとっては非常に興味深い内容となっているが、一般読者にとっては難解なので、巻末に収録した。

この分析では、治療開始時の検査値について、高血圧症が血圧、糖尿病でHbA1c、脂質異常症では「悪玉」といわれるLDLコレステロール値を使い、エンドポイントは、高血圧症が心臓血管系の病気、糖尿病が腎臓や細い血管系の病気、脂質異常症では高血圧症と同じ心臓血管系の病気とした。それぞれ1900人から4600人ほどのサンプル数を統計の対象にした。

その結果、高血圧症では、高年齢・糖尿病の併病・脂質異常症の併病がエンドポイントのリスクに影響している。治療開始時の血圧が高くても、リスクに影響しない点は興味深い。

また糖尿病では女性だとリスクが低いが、それ以外の要素はほとんどリスクに関係していない。脂質異常症は、年齢の高さ・男性であることがリスクであるが、面白いことに治療開始時のＬＤＬコレステロール値は、高いほうがむしろリスクが低い結果となった。

高井君と安田君、あなたの医療費はどっち？

50代の働き盛り10人が、ある高校の同窓会に集まった。10人のうち2人が糖尿病で通院していることがわかった。2人ともバリバリの現役会社員で、いたって健康そうに見える。

医療費の話になった。高井君と安田君は会社の健康保険組合に入っている。高井君は1年ほど前に健康診断で糖尿病と指摘され、会社近くの病院に通っている。今のところ、血糖値が高い以外に病気はない。

高井君はたまたま、この日受診をしたので病院と薬局の明細・領収書を持っていた。高井君と安田君の病院と薬局の明細・領収書を、図表1－2、図表1－3に示す。

高井君は1種類の糖尿病の薬を30日分処方してもらい、病院と薬局に全部で３７３０円支払っていた。高井君の自己負担は医療費の3割である。高井君の医療費全額は1万2430円となる。高井君が病院と薬局で支払った額と、高井君が所属する健康保険組合が病院と薬局に支払う額を合計したものが、本当の医療の費用、つまり医療費である。

一方、安田君は2年ほど前に糖尿病と診断され、血糖値を下げる薬を飲んでいる。安田君は3カ月に一度通院し薬を90日分処方してもらい、診療を受けるたびに病院と薬局合わせて2850円支払っている。医療費は9480円で、安田君はその3割を負担するが、病院、薬局それぞれで10円単位に四捨五入され、誤差が出るため、安田君が負担した額は2850円となる。

1日当たりの医療費を計算してみると、高井君は413円、安田君は106円となる。糖尿病など生活習慣病の治療は、何年も何十年も毎日薬を飲み続けるのが普通である。だから医療費を比較するときは、病院に1回行って処方箋をもらい、薬局で薬を買う総額を処方箋の処方日数で割り算した、1日あたりの医療費を見れば、正しくわかりやすく比較できる。

2人は結果を見て驚いた。同じ糖尿病治療なのに、1日あたり医療費が高井君と安田君で4倍ほども違ったのである。なぜだろうか。

図表1-2　高井君と安田君の診療明細・領収書

診療明細・領収書

患者番号: 10000
患者氏名: 高井 太郎　様

東京都新宿区■■■■■■■■
■■■■■■■■■クリニック
03-■■■■-■■■■

診療日: 2021年 5月 1日発行日: 2021年 5月 1日

基本	再診	73点 × 1
	明細書発行体制等加算	1点 × 1
	時間外対応加算2	3点 × 1
	医科外来等感染症対策実施加算(再診料・外来診療料)	5点 × 1
	外来管理加算	52点 × 1
医管	特定疾患療養管理料	225点 × 1
投薬	処方箋料(その他)	68点 × 1
	特定疾患処方管理加算2(処方箋料)	66点 × 1

一部負担金	¥1,480
自費(文書料以外)	¥0
文書料	¥0
消費税	¥0
未収金	¥0
請求額	¥1,480
領収額	¥1,480

- 1 -

※厚生労働省が定める診療報酬や薬価等には、医療機関等が仕入れ時に負担する消費税が反映されています。

診療明細・領収書

患者番号: 20000
患者氏名: 安田 次郎　様

東京都新宿区■■■■■■■■
■■■■■■■■■クリニック
03-■■■■-■■■■

診療日: 2021年 8月 1日発行日: 2021年 8月 1日

基本 再診　73点 × 1
明細書発行体制等加算
1点 × 1
時間外対応加算2　3点 × 1
医科外来等感染症対策実施加算(再診料・外来診療料)
5点 × 1
外来管理加算　52点 × 1
医管 特定疾患療養管理料
225点 × 1
投薬 処方箋料(その他)　68点 × 1
特定疾患処方管理加算2(処方箋料)　66点 × 1

-

一部負担金	¥1,480
自費(文書料以外)	¥0
文書料	¥0
消費税	¥0
未収金	¥0
請求額	¥1,480
領収額	¥1,480

- 1 -

※厚生労働省が定める診療報酬や薬価等には、医療機関等が仕入れ時に負担する消費税が反映されています。

（出所）アライドメディカル作成

図表1-3　高井君と安田君の薬局調剤明細・領収書

調剤明細・領収書

患者番号: 10000

患者氏名: 高井 太郎　様

東京都新宿区■■■■■■■
■■■■■■■■■薬局
03-■■■■-■■■■

調剤日: 2021年 5月 1日　発行日: 2021年 5月 1日

管理 薬剤服用歴管理指導料(3月以内処方箋以外)	57点
調技 調剤基本料1	42点
管理 調剤感染症対策実施加算(調剤基本料加算)	4点
調技 内服薬調剤料	77点
薬剤 アプルウェイ錠20mg 1T 19点×30	570点

合計	750点
一部負担金	¥2,250
自費(文書料以外)	¥0
文書料	¥0
消費税	¥0
前回未収金	¥0
請求額	¥2,250
領収額	¥2,250

- 1 -

調剤明細・領収書

患者番号: 20000

患者氏名: 安田 次郎　様

東京都新宿区■■■■■■■■
■■■■■■■■■薬局
03-■■■■-■■■■

調剤日: 2021年 8月 1日　発行日: 2021年 8月 1日

調技 調剤基本料1　42点
管理 薬剤服用歴管理指導料(3月以内処方箋以外)　57点
調技 内服薬調剤料　86点
薬剤 メトホルミン塩酸塩錠500mgMT「明治」3T　3点×90　270点

合計	455点
一部負担金	¥1,370
自費(文書料以外)	¥0
文書料	¥0
消費税	¥0
前回未収金	¥0
請求額	¥1,370
領収額	¥1,370

-1-

（出所）アライドメディカル作成

生活習慣病は同じ病気でも患者により3－5倍の治療費の差

生活習慣病の治療費は患者によってどの程度違うのだろうか。2020年の患者の医療費をカルテから集計してみよう。

高血圧症の患者はコレステロール値も高いために、脂質異常症の検査を受けたり薬をもらったりする場合があるが、ここでは純粋にある日に受診したときに、3つの生活習慣病のうち、高血圧症しかなく、その他の例えば風邪や胃炎などの病名が一切カルテに書かれていない診療の医療費のみを集計している。糖尿病と脂質異常症の患者についても同様に、純粋に1つの生活習慣病だけの治療費を集計した。

収集したカルテデータのうち、2020年に絞るとデータ量は約5％にしかならないが、それでもあえて2020年の医療費を集計しているのは、次の理由による。

生活習慣病の医療費は医師の発行する処方箋の日数によって大きく変化する。この数年のトレンドを見ると、処方箋の処方日数は長くなってきている。数年前は高血圧症で14日分の処方箋を発行していたのが、今では30日くらいが主流になっている。

後で詳しく分析するが、病院の手数料は処方日数が14日でも30日でもほぼ一定額のため、

1日あたりでは半分近くまで安くなる。10年前のデータと現在のデータを混ぜると1日あたりの医療費を正しく把握することができないため、2020年に絞った。

図表1－4は、高血圧症、糖尿病、脂質異常症それぞれの患者にかかった1日あたり医療費の分布である。縦軸が1日の医療費で、左から安い順に患者を並べている。極端に高い患者が5％程度いるが、このような患者は除外している。

おおむね高血圧症が70円から330円、糖尿病が130円から690円、脂質異常症が60円から340円に分布している。平均はそれぞれ1日あたり202円、421円、194円である。それぞれの医療費の最大と最小の差は、極端なものを除いても5倍から6倍の違いがある。

高井君と安田君が驚いたのは当然である。両君の医療費の違いは珍しいことではない。生活習慣病の医療費は、同じ病気でも患者によって違いが大きい。

医療費は保険者と患者双方が分担して支払っている。場合によってはそれ以外に地方自治体や国が加わって分担する。医療の費用がいくらかということと、誰がいくら支払ったかということは別の事象である。レストランの食事が高いか安いかを議論するときには、割り勘で支払ったのか、誰かがごちそうしたのかは関係ないだろう。この縦軸は治療の総額、総コ

図表1-4　生活習慣病患者の1日あたり医療費（来院時に余病・併病なし、医療機関数は46）

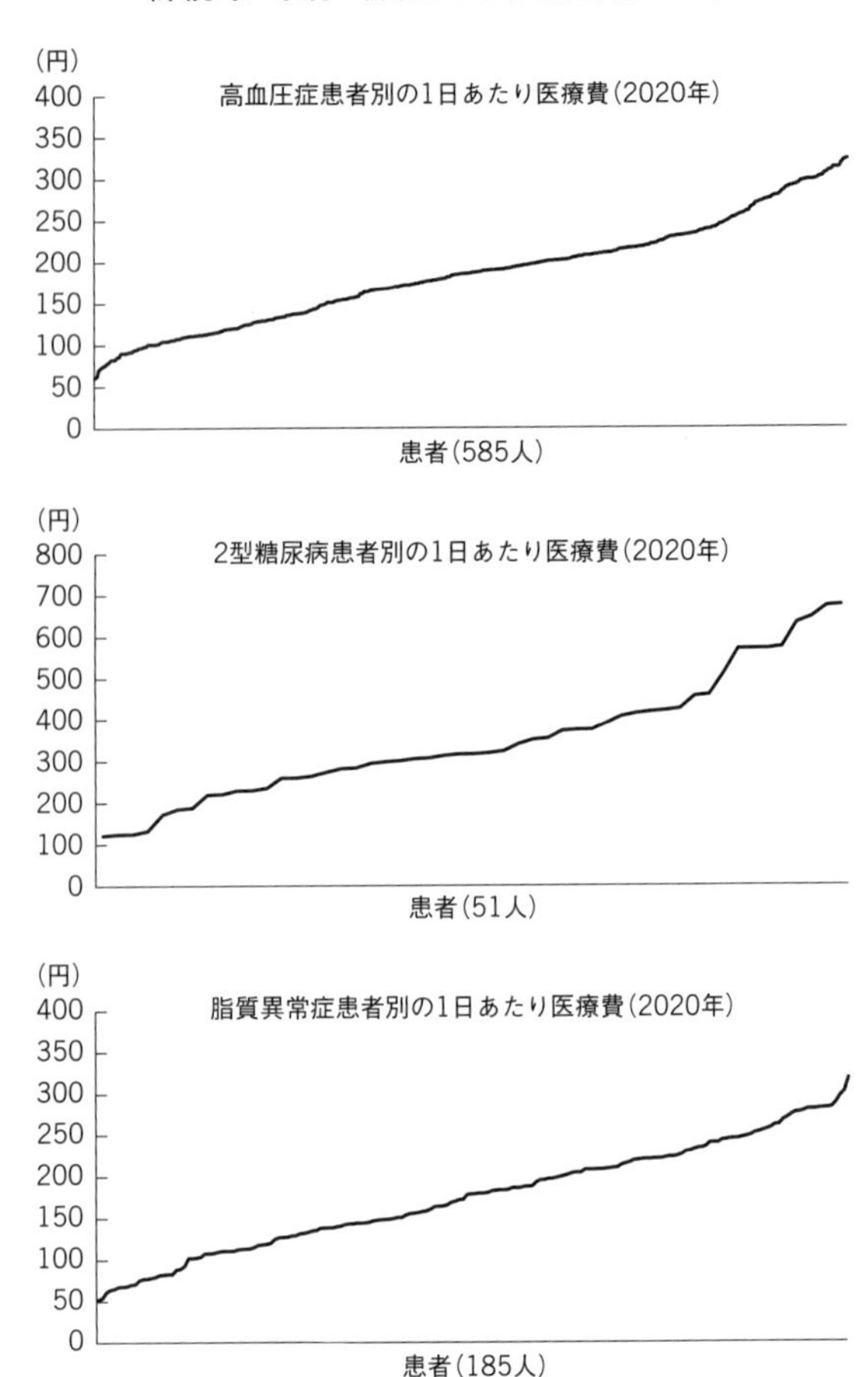

（注）2型糖尿病は体質要因に加えて生活習慣で発症する最も多い糖尿病である。
（出所）アライドメディカル作成

ストになる。

病院によっても治療費は異なる

今度は医療機関ごとの1日あたり平均医療費を見てみる（図表1－5）。

医療機関を1日医療費が高い順に左から並べてみると、高血圧症のみの治療を受けている患者について、実際の病院における平均医療費は、高い病院では1日215円、安い病院は104円で2・1倍の開きがあった。同じように糖尿病の治療では275円と111円程度で2・5倍の開き、脂質異常症で239円と82円で2・9倍の開きがある。患者が選ぶ医療機関によっても1日あたりの平均医療費がこんなに違っているのである。

同じ病気の治療費が患者によってばらつくのは当然だ。医師は、同じ病気でも程度が重い場合は薬をたくさん処方し、高い薬を使い、頻繁に検査を行うことが多いので、当然、治療費は高くなる。高齢者が多い病院の平均医療費も高くなるのは普通だ。

ところが、平均医療費が高い病院に通う患者の、年齢や診断時の検査値が特に高いかというと、そうでもない。図表1－5と同じく医療費の高い医療機関の順に、3つの生活習慣病患者の平均年齢を調べてみたものが図表1－6だ。

図表1-5　医療機関によってこんなにも違う生活習慣病患者の平均医療費
（今回解析した電子カルテデータすべてから、各患者の投薬後2年間の1日あたり平均医療費を医療機関別に集計して算出したもの）

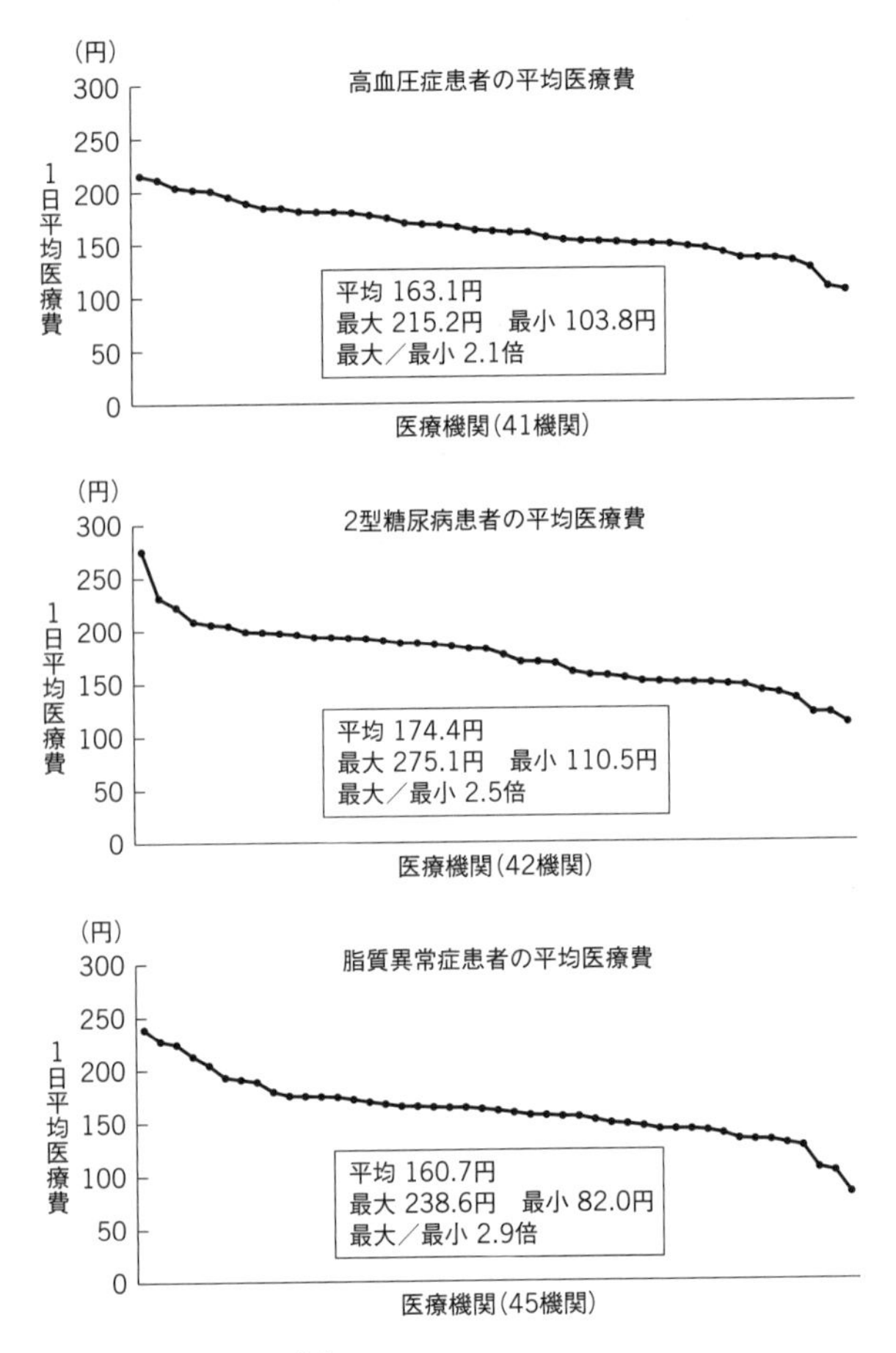

（出所）アライドメディカル作成

図表1-6 生活習慣病 医療機関別の平均年齢と診断時の平均検査値
(今回解析した電子カルテデータすべてから、各患者の投薬後2年間の1日あたり平均医療費を医療機関別に集計して算出したもの)

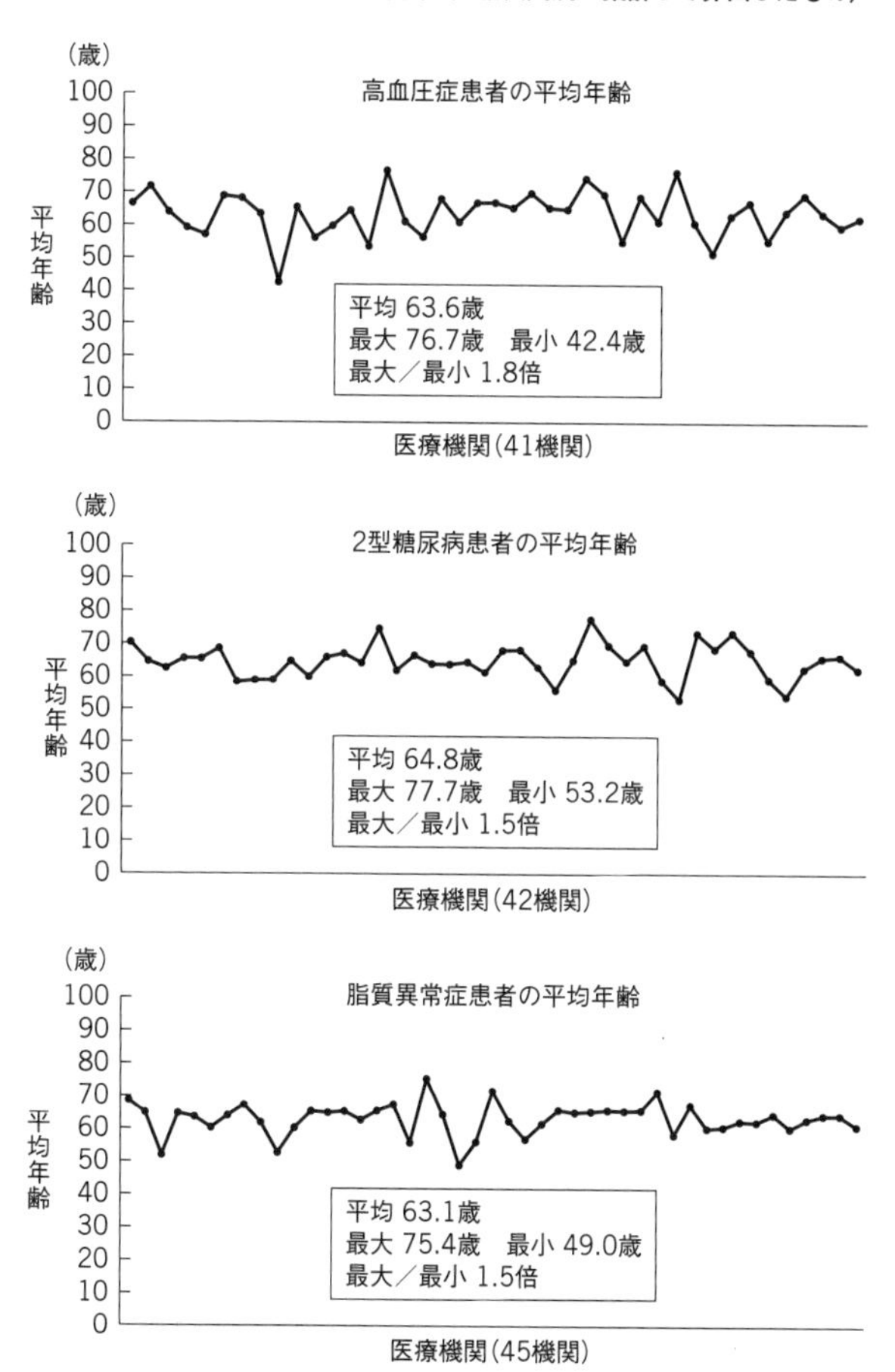

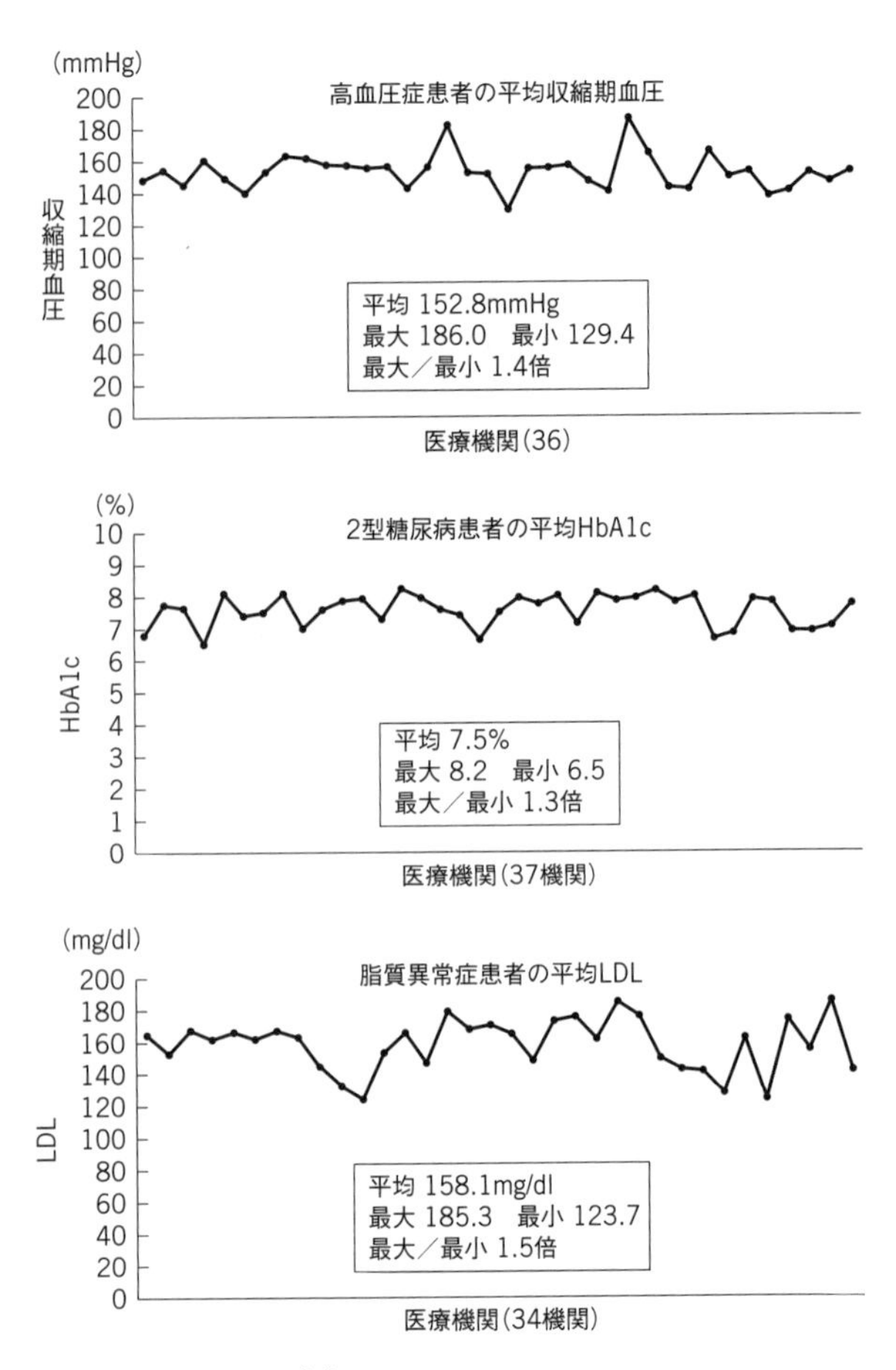

(出所) アライドメディカル作成

これを見ると、医療費の高い病院に通う患者の平均年齢が、必ずしも高いわけというわけではないことがわかる。また、病気の程度の指標となる診断時の血圧、血糖値、コレステロールの平均値をそれぞれの医療機関別に見ても、同様である。

ここから仮説として言えるのは、現在、年間4兆円かかっている生活習慣病の医療費は、すべての患者が安い病院に行ったとすれば半分になり、年間2兆円を節約できることになるというものである。

もちろん、これは非常に乱暴な推論である。しかし、必ずしも大言壮語というわけでもない。より深い理解、推論はこれからじっくり本書で述べていく。

第　2　章

高い治療費のほうが
治療成績は良いのか

患者が治療水準と価格を比較するのは難しい

私たちは商品やサービスを購入するとき、価格だけで選んでいるわけではない。もちろん、どの店でも販売している有名ブランドの商品を買うときは、安く売っている店を選ぶことが多いだろう。その商品は他店で売っている商品と全く同じということがわかっているからである。

しかし、食べ物のように賞味期限があるものであれば、単純に値段では選択しない。賞味期限があと1日のミルクと10日のミルク、どちらも同じブランドで同じサイズのものがそれぞれ180円と190円で売られているとき、どのように選択するだろうか?

今日使ってしまう予定なら180円のほうを選び、1週間くらい保存するつもりなら190円のほうを買うかもしれない。買う人のニーズにより選択は異なるものの、選択の方法自体は比較的簡単である。

では病気の治療はどうだろか?

同じ糖尿病の治療でも、病院によって値段が4倍も違うことが実際のデータを集計してわかった。先の高井君の例では1日413円の医療サービスを毎日購入していることになるが、安田君の通っている病院に行けば106円になり、年間で11万2000円を節約できる。では高井君は安田君の病院に行くべきか、つまり医療サービスを安田君の通う病院から購入するほうが、単純に良いと言えるだろうか？

これはミルクを買うように簡単には選択できない。高井君はさまざまなことを考えなければならないからだ。

病院を変更したら治療のレベルは下がらないだろうか、血糖値は同じように下がるだろうか、処方される薬は良いのだろうか、先生は親切だろうか、熱心に見てくれるのだろうか、長く待たされることはないだろうか、院内はきれいだろうか、看護師は丁寧だろうか、などなど。

もっとも、値段が4倍も違う医療サービスを選ぶのである。糖尿病は本当に良くなるのか、治療は適切なのか、という医療サービスの質が最も重要なのは明らかだろう。レストランならともかく、院内の豪華さや看護師の対応の良さなど、医療サービス以外の要素で4倍の価格差を正当化することは難しい。

私たちが治療面から病院を選んでいない理由

しかし、現実を見れば、我々は治療の水準と値段を見ながら病院を選んでおらず、病院の場所、待ち時間、医師や看護師や事務員の対応具合、清潔さ、などで選んでいる。つまり医療の質という一番重要な要素で選んでいるわけではないのである。

レストランにたとえるならば、料理がおいしいかどうかで店を選んでおらず、店のアクセスや雰囲気で選んでいるようなものだ。

では、なぜこのように選んでいるかといえば、2つの理由がある。

1つ目は、治療の水準が高いのか低いのか、私たちにはわからないからだ。これは味覚のわからない人が、内装は豪華で料理はいまひとつのレストランを選んでしまうようなものである。

2つ目は、同じ治療であっても価格の比較が難しいし、比較をする機会も少ないからである。高井君は1カ月に一度受診し、安田君は3カ月に一度受診して、それぞれ1カ月分、3カ月分の薬代を支払っている。薬以外の病院や薬局に支払う手数料があり、手数料自体は、高井君も安田君もほぼ同じである。比較は単純ではない。

また、高井君と安田君の場合はたまたま同窓会で出会ったときにこの話題になって、しかも両君とも診察を受けたばかりで領収書を持っていた。だから比較ができた。

しかし、そのような機会はめったにない。何年もの間、毎月糖尿病治療を受けていても、治療費を正確に把握している人は少ないし、知っている人同士で情報交換する機会も少ない。

治療の効果はエンドポイントで見る

国民の約10%が血圧を下げる薬を毎日飲んでいる。その人たちに、「何のために薬を飲んでいるの？」と聞けば、「血圧を下げるため」と答えるだろう。しかし、血圧が高くても頭痛がするわけではなく、自覚症状のない人がほとんどだ。では、なぜ薬を飲んで血圧を下げる必要があるのだろうか？

血圧が高い状態が何年も続くと、低い人に比べ心臓や血管の病気になる可能性が高まるという、長年の観察結果があるからである。過去何十年にもわたり、世界のいろいろな国で、多数の患者のデータを集計してみると、血圧の高さと心臓や血管の病気、たとえば心筋梗塞、狭心症、脳梗塞などの発症率は比例関係にある。

降圧剤を服用する最終目的は、心臓や血管の重篤な病気を防ぐことだ。血圧を下げることは中間ゴールになる。

すなわち、降圧剤の善し悪しは、心臓や循環器の病気を防ぐのにどの程度効果があるかで判断するのが妥当である。もちろん副作用の大きさなども考慮に入れて判断することが必要だが、そもそも心臓病の予防効果を打ち消すほど大きい副作用が、多くの患者に起こる薬が販売されることはないので、あくまで心臓や血管への効果を中心に評価するのが妥当であり、現実的である。

第1章で紹介したエンドポイントとは、文字どおり最終到達点のことである。治療や薬剤の効果を客観的に評価するとき、場合によって適切と思われる事象を定義する。「死亡」は究極のエンドポイントである。実際、エンドポイントとして「死亡」を採用する場合がある。

心臓や循環器の病気と言ってもいろいろな種類があり、降圧剤の効果と関連のないものもある。たとえば、心臓弁膜症という病気があるが、これは加齢・感染症・外傷・先天性などが原因と考えられており、血圧が高い低いにかかわらず発生するので、降圧剤のエンドポイントから除外されている。

注意してほしいのは、エンドポイントは広い意味で使われる場合があることだ。降圧剤を服用しているにもかかわらず、血圧がある水準以上に上がる事象も代理エンドポイント、またはサロゲートエンドポイントと呼ぶことがある。

糖尿病が引き起こす血管障害

糖尿病のエンドポイントは、腎臓病に代表される細い血管の障害である。腎臓は毛細血管の塊でできており、毛細血管は老廃物や水をろ過している。毛細血管がうまく機能しないと腎臓病になる。網膜の毛細血管に障害が生じれば失明することがある。

第1章でも触れたように、血糖値は食前は低く、食事をすると腸からブドウ糖が吸収されるため、高くなる。「食後高血糖」というもので、食前と食後で2倍に変動することもある。正常な人は食後に一時的に血糖値が高くなっても、インスリンの働きで血液中の糖が筋肉などに取り込まれて血糖値は下がる。血糖値が高くなること自体は問題ではないが、常時高い状態にあると腎臓の機能が悪くなったり、神経が働かなくなったりする。そうなると、素足でガラスを踏んで出血しても痛みを感じなくなることがあるそうだ。

ブドウ糖は人が活動するためのエネルギーである。血糖が少な過ぎると脳が活動できなくなって意識不明となり、心臓や筋肉を動かすエネルギーが不足し、死に至る。一方で、ブドウ糖がタンパク質と結合してタンパク質の性質を変えてしまうと、腎臓や神経の機能が正常に働かなくなる。

腎臓の機能を失えば、死に直結する。透析装置を使えば、体外に血液を取り出し、ろ過することによって腎臓機能を補うことができるが、定期的に血管を数時間つなげてろ過しなければならず、生活の質は著しく下がる。

糖尿病による腎臓機能の低下は徐々に起こり、いきなり透析が必要になるわけではない。途中段階の程度を検査で把握することができるので、エンドポイントとしては、透析になる少し前の段階まで含めることが妥当であり、一般的である。

脂質異常症が招く心臓と循環器系の病気

脂質異常症のエンドポイントは、心臓と循環器の病気である。血液中のコレステロールが高過ぎても低過ぎても病気と見なされる。血液中のコレステロールが多いと、血がドロドロになると言われている。

コレステロールは肝臓で作られる脂質である。コレステロールはすべての細胞で必要なもので、低比重リポタンパク（ＬＤＬ）と結合した状態で血液によって身体中に運ばれる。何らかの理由でこれが血管に蓄積してしまうと、血管が硬くなったり弱くなったり、詰まったりする。そして心臓や血管の病気を引き起こす。心筋梗塞が代表的なもので、これは心臓の筋肉に血液を送る血管が詰まることによって発症する。逆に高比重リポタンパク（ＨＤＬ）は、体内のコレステロールに結合して肝臓に戻る。

ＬＤＬは悪玉コレステロール、ＨＤＬは善玉コレステロールと呼ばれるが、科学的には妥当ではない。コレステロールは細胞膜や各種のホルモンのもとになる重要な脂質である。ＬＤＬは肝臓で作られたコレステロールを身体中に運んでいる。ＬＤＬがないと我々は生きていけない。悪玉というのは言い過ぎである。

エンドポイントは日常にはなじみのない言葉であるが、薬や治療の善し悪しを議論するのに必須の概念である。薬の効果を科学的に考えるときに使える物差しは、エンドポイント以外にはない。本書で用いる主なエンドポイントは図表２－１の通りである（解析対象とした全エンドポイントのリストは巻末の図表Ｃに掲載）。

高い医療費を支払っているのだから、病状が良くなってほしい、健康になりたいと、期待

図表2-1　生活習慣病の主なエンドポイント

生活習慣病	エンドポイント
高血圧症・脂質異常症	狭心症、心筋梗塞、一過性脳虚血発作、脳梗塞
糖尿病	慢性腎臓病、腎不全、糖尿病性腎症、糖尿病網膜症、糖尿病性神経障害

(注) エンドポイントとして用いるのは上記病名の診断。
(出所) アライドメディカル作成

するのは当然だろう。

しかし、結論から言えば、生活習慣病に関しては、医療費が高くても安くても、病状が改善し健康になる度合いは変わらない。

このことを科学的に検証するには、数多くの患者のカルテデータを集め、治療費が高い患者のグループと安いグループに分類し、それぞれのエンドポイント、すなわち生活習慣病によって最終的に起こる重篤な病気に至る確率がどのように違うのかを統計的に比較すればよい。

生存時間曲線を見る

図表2－2を見て欲しい。高血圧症患者の生存時間曲線である。疾病や死亡などの事象が起きるまでの時間に焦点を当てた分析方法を生存時間分析といい、その分析をグラフにしたものを生存時間曲線と呼ぶ。

図表2-2　高血圧症患者の生存時間曲線（治療費 高／低グループの比較）

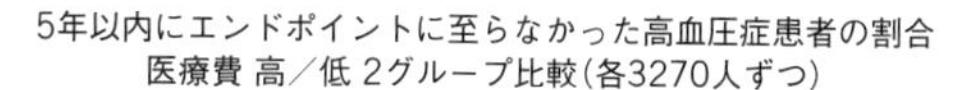

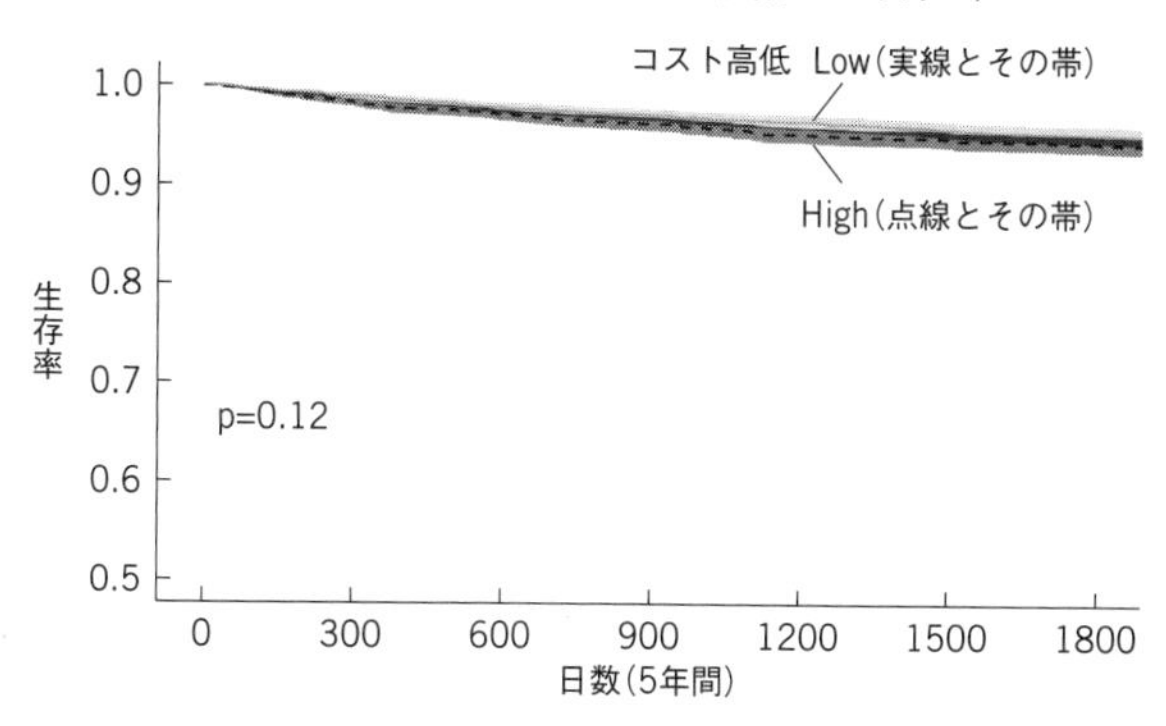

（注）縦軸は生存率（重篤な病気になっていない患者の割合）。横軸は5年間。Low/High の生存曲線（実線または点線）の上下に広がる2つの帯は、母集団の真の生存曲線が95%の範囲で入る信頼区間。
（出所）アライドメディカル作成

グラフの横軸は時間で、目盛の数字は日単位、１８００日つまり約５年間を描いている。縦軸はその時々のエンドポイントである重篤な病気を起こしていない患者の比率（全体を１とした場合）である。

もし、エンドポイントを「死」とすれば、縦軸は生存率となるので、生存時間曲線という言い方が当てはまる。しかし、図表２－２では、高血圧症患者が心臓や循環器の病気に至ることをエンドポイントと定義しているので、もし読者が生存時間曲線という言い方は少々変だと思うのであれば、重い病気にならなかった比率と考えてほしい。

単に、治療費が高いか安いかで2つのグループを作り、比較するのは乱暴である。たとえば、高い治療のグループは、高齢者が多ければ当然心臓や循環器の病気になる可能性が高くなるからである。

電子カルテのデータで統計をとると、年齢が10歳上がるごとに、高血圧症患者の心臓血管疾病のリスクは1・48倍、糖尿病患者の腎臓疾病のリスクは1・08倍になり、脂質異常症患者の心臓や循環器の疾病のリスクは1・63倍となっている。

また、医師は重症患者に対しては、高価な薬を使ったり、服用量を多くしたりするだろうから、結果としてコストの高い治療をするかもしれない。だとすれば、この2グループのエンドポイントを対等に比較することにはならない。

高い治療のグループはもともと病状が重いかもしれない。性別も同様で、それぞれのグループに差がないようにすべきである。

そこで年齢も病状も性別も同じで、治療費だけ異なる患者に絞り、2つのグループの生存曲線を見れば、治療費が純粋にエンドポイントに影響しているかどうかがわかる。

ここに示した生存曲線は、治療費の高い患者集団4376人と安い患者集団4214人の中から、「マハラノビス距離」（コラム参照）という統計数学の手法を使って、年齢、重症度、性別がほとんど同じ患者のペアを選び出し、2つのグループを作って比較した（図表2−3）。

この結果、2つのグループの人数、男女割合、平均年齢、初期症状は、2グループでほとんど同じであることがわかる。

コラム

「マハラノビス距離」による修正

あるデータが、それが属するデータ群から、どのぐらい離れているかを表す距離のことをマハラノビス距離という。データ群が各方向へどのぐらい散らばっているのか、その散らばり具合を考慮することで、そのデータの異常度を検知することができる。

今回の分析でも、年齢、重症度、性別が類似しているペアが見つからない患者が何人も存在する。その患者については分析から除外するので、最終的に2グループの患者数は3270人にまで減った。

図表2-3　高血圧症患者を治療費の高い／低いでグループ分けした比較表

	患者人数	男性人数	女性人数	平均年齢（歳）	初期収縮期血圧（㎜Hg）	1日平均医療費（円）
高治療費群	3270	1584	1686	63.99	151.79	521.6
低治療費群	3270	1584	1686	64.00	151.82	220.6

（注）マハラノビス距離によるサンプルのマッチングでグループ間の属性を揃えた。
（出所）アライドメディカル作成

診断から1年を経過すると、高い治療を受けたグループで心臓や循環器の病気にかからなかった患者は97・7％に減少、安い治療のグループは98・6％に減少した（図表2－2）。

この数字だけ見ると安い治療のほうが病気の発生率が低いように見える。しかし、統計的に解釈すると、この程度の差で成績に違いがあるとは言えない。その理由は次の通りである。

2つの曲線に違いがあるかどうかを統計的に判断するにはp値を用いる。ここに示す高血圧症の場合、p値は0・12である。

p値とは確からしさの程度を数値化したもので、科学的に見た正しさの度合いである。一般的にp値が低いほど、統計結果の信頼性が高い。

たとえばp値が1に近い0・7であれば、その統計結果は信頼できず、2グループの治療効果の違いはほとんどなくなる。

医療ではp値が0・05より高いか低いかで、その統計データに意味があるかどうかを決めることが多い。このとき、0・05以下になれば、その統計解釈は信頼でき、意味があると判断することが多い。0・05を有意水準と呼ぶ。たとえばp値が0・05よりも低い0・03であれば、高い治療と安い治療のエンドポイントに違いがあったと判断する。

先ほどの高血圧症の生存時間分析ではp値は0・12だった。したがって、この程度の曲線の違いでは、高い治療と安い治療の成績に違いがあったとは言えないという解釈になる。

p値と有意水準

帰無仮説という統計用語がある。これは、ある仮説が正しいかどうかの判断のために立てられる仮説である。起こりそうもない仮説をわざと選び、後で捨てることになるので〝無に帰する〟仮説という意味だ。いわば二重否定の論理に近い。

仮に、「高い治療と安い治療の成績には差がない」という仮説を立てたとしよう。しかし治療結果に差があったとしても、偶然出ることもある。そこで、その差は偶然起きたのか、もともと治療効果に差があったからなのかを計算・評価する必要がある。

どこかで線引きをし、「この数字を下回ったら、偶然の仮説は捨てる！」と決める。この線引きが前項で出てきた有意水準である。

有意水準を0・05と設定すると、p値が0・03であれば、0・05より小さいので、統計的には「差がない」という仮説が成り立つ可能性は低くなるため、高い治療と安い治療で「差がない」という仮説には無理があり、治療結果に違いがあると判断する。言い換えれば、観察された出来事が偶然に起きた可能性はほとんどない、という意味となる。

逆にp値が0・2だったとすると、双方の治療結果には違いがあるとまでは言えないと判断する。観察された出来事は偶然に起きたのだろう、という意味になる。

p値や有意水準など専門用語を使っているが、うんざりしないでほしい。繰り返すが、p値は数字の小さいほうが確かさの程度は高くなる。p値が0・01であれば、0・05より正しさのレベルはずっと高いことになる。

正しいか正しくないかは、明確に分けられるものではない。科学的には、白と黒の2つではなく、白、薄いグレー、普通のグレー、濃いグレー、黒というように、連続的に「正しい」から「正しくない」までが移り変わっている状態だ。しかし、何らかの判断をするには、どこかで黒と白を区別する線を引かなければならない。これが有意水準なのである。

真っ黒が左端、真っ白が右端の1メートルの帯をイメージしていただきたい。途中は黒からグレーになり、だんだん薄くなって右端は真っ白になっている。左端から10センチに線を引く。次にグレーのハガキの大きさの紙を持ってきて、それが黒と言っていいかどうか判断しなければならないとする。

帯に沿ってハガキと同じグレーの部分を探したところ、左から50センチだったとする。この場合の「紙は黒」という判断のp値は、帯全体を1とすると0・5である。これは、黒と言えないのは明らかだろう。p値が0・5の判断は信頼できない。

別の紙の色を帯と比較すると、今度は左端から5センチくらいだった。このp値は0・05である。これはほとんど黒といってよい。「紙は黒」という判断はほぼ正しい。

ではどこから実際に黒に見えたかといえば、帯の左端から10センチの線の左側だったとする。この線の位置が有意水準で、0・1となる。この場合、10センチより左の色なら黒と判断する。

もし左から5センチの場所に線を引けば、有意水準は0・05になる。これより左なら黒と言い切るのだが、これは10センチの場合より確からしさ、つまり黒らしさが強い。

すなわち、有意水準の値は、小さいほうが判断の確からしさが高いから、医療の統計の多くは有意水準0・05くらいを採用する。

なお、注意しておきたい点がある。薬AとBについて「効き目に差がない」という帰無仮説を立ててエンドポイント発生率を調べたときに、Bのほうが成績は良く、p値が非常に小さかったとしよう。この場合、Bの効き目が非常に良い、すなわちBは非常に優れた薬であるという判断はできない。

p値が小さいということは、AとBに明らかな違いがあるということしかわからない。薬Aと薬Cを比べたら、p値はより大きかったが、薬Cのほうが薬Bより効き目が良いということもあり得るのである。

余談だが、アインシュタインが100年前に予言していた重力波が、2015年に初めて観測された。宇宙のノイズの中から微小な重力波を観測したのだが、このときはp値として百万分の0・57の値を使った。つまり、「これはノイズでなく、確かに重力波である」ということを極めて厳密に言い切ったのである。

図表2-4 糖尿病と脂質異常症の生存時間曲線（治療費が高い／低いグループ群を比較）

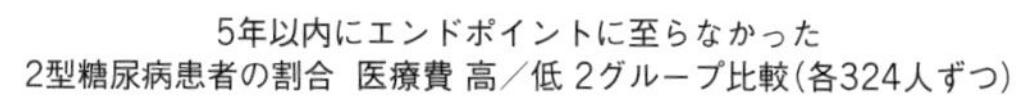

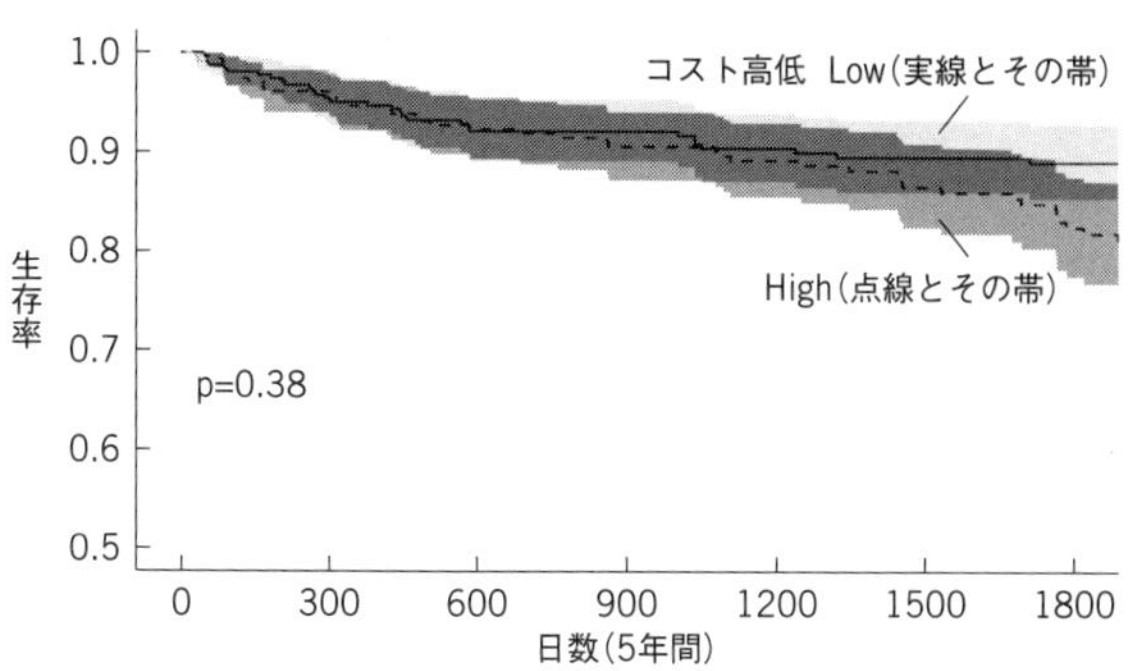

5年以内にエンドポイントに至らなかった脂質異常症患者の割合
医療費 高／低 2グループ比較(各428人ずつ)

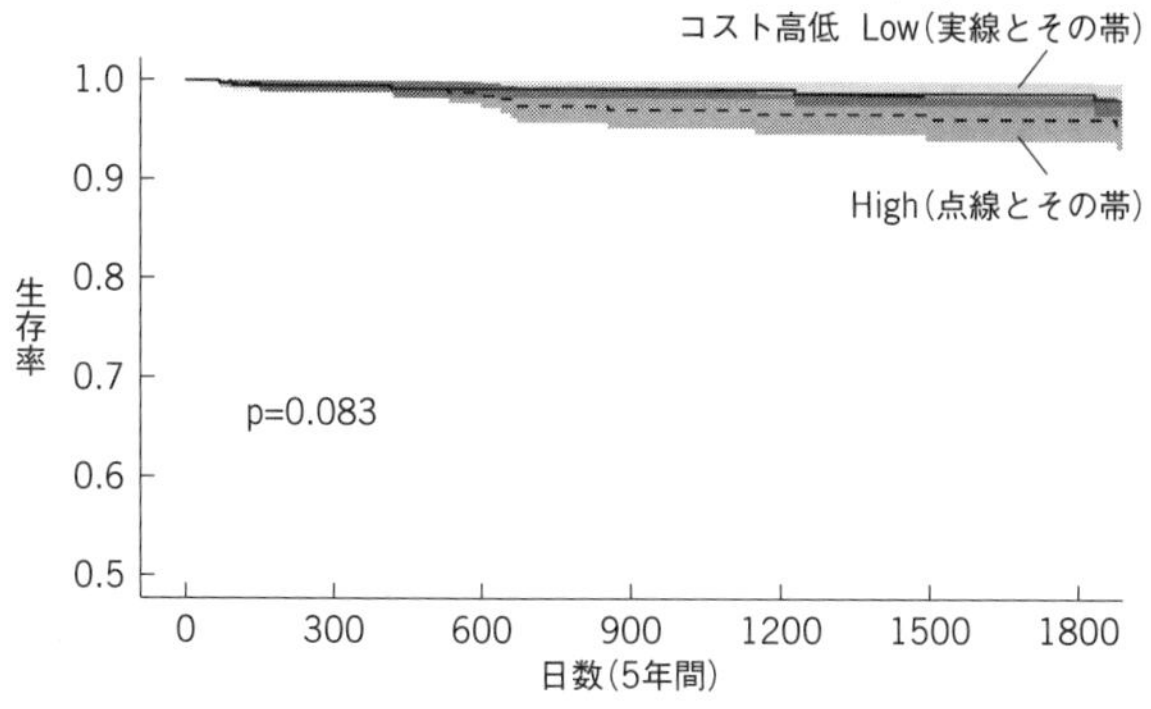

（出所）アライドメディカル作成

章の最後に、3大生活習慣病の残り2つ、糖尿病と脂質異常症の生存曲線を見てみよう（図表2－4）

治療費を高低グループに分けた場合の生存時間曲線は、それぞれp値が0・38、0・083で、統計的に有意な違いはなかった。

すなわち、糖尿病や脂質異常症についても、治療費の高低によって、重篤な病気に至る可能性に違いがあるとは言えないのである。

第 3 章

生活習慣病医療費の
中身を見る

高井君と安田君の治療費の違い

前章では同じ病気でも患者によって治療費は大きく違い、統計的に見ると、治療費が高くても、最終的に重篤な病気にかかる可能性は安い治療と変わらないということを見てきた。本章では患者によって治療費の違いが起きる理由を詳細に見てみよう。

図表1－2（再掲）は、高井君と安田君の両君が受診したときに病院で支払った料金の明細・領収書である。

図表1－3（再掲）はその処方箋を調剤薬局に持って行き、薬を受け取った時に支払った明細・領収書である。

図表3－1は、同じく受け取った薬の処方箋である。

明細・領収書の中に、○点とある。これは保険医療独特の表現である。1点を10円と数える。健康保険制度では、病院で行われる診察や手術や検査などの医療行為の価格を国が決めており、その価格表は点で表記されている。つまりすべての医療行為の価格は10円の倍数で決められている。なお、現在において、点で表現する意味は実はほとんどないと思われる。

薬の価格も国が決めている。こちらの価格表は円で表現され、0・1円まで表記される。

しかし、薬局で両君が受け取った明細・領収書を見ると、薬の価格も点で表現されている。1日あたりの薬代を合計し、五捨五超入という変な計算をして点にする。30日分の薬を薬局で買うと、1日分を点に置き換えたものを30倍にして総点数を求め、その3割を患者が薬局で支払う。患者が病院や薬局のレジで支払うときは10円未満を四捨五入する。おそらく昔は病院などの窓口に今のようなレジボックスがなく、1円硬貨などを扱うのが面倒だったからだろうと思われる。

健保組合や国民健康保険を運営する市町村からは、毎年、医療費通知が患者に送られてくる。この中に記載されている患者自己負担額は10円の四捨五入をしていないので、1円単位である。本来は患者が窓口で受け取る明細・領収書の金額と一致すべきだが、実際は一致していない。確定申告時の医療費はどちらの数字でもよいことになっている。

ちなみに、1日分が15・1円の薬も25円の薬も1日2点で請求されるので、30日分はいずれも600円となる。しかし、国が定めた1円単位の薬価では、それぞれ453円、750円となる。25円の薬を買う人は定価より安く買うことになるし、15・1円の人は定価より高く買うことになる。この定価と実際の売価の差分は薬局が吸収する。

ここまで、明細・領収書を見るときに必要な知識のため説明をした。高井君と安田君の医

図表1-2　高井君と安田君の診療明細・領収書（再掲）

診療明細・領収書

患者番号: 10000
患者氏名: 高井 太郎　様

東京都新宿区■■■■■■■■■
■■■■■■■■■クリニック
03-■■■■-■■■■

診療日: 2021年 5月 1日発行日: 2021年 5月 1日

基本	再診	73点 × 1
	明細書発行体制等加算	1点 × 1
	時間外対応加算2	3点 × 1
	医科外来等感染症対策実施加算(再診料・外来診療料)	5点 × 1
	外来管理加算	52点 × 1
医管	特定疾患療養管理料	225点 × 1
投薬	処方箋料(その他)	68点 × 1
	特定疾患処方管理加算2(処方箋料)	66点 × 1

一部負担金	¥1,480
自費(文書料以外)	¥0
文書料	¥0
消費税	¥0
未収金	¥0
請求額	¥1,480
領収額	¥1,480

- 1 -

※厚生労働省が定める診療報酬や薬価等には、医療機関等が仕入れ時に負担する消費税が反映されています。

診療明細・領収書

患者番号: 20000
患者氏名: 安田 次郎 様

東京都新宿区■■■■■■■■■
■■■■■■■■■クリニック
03-■■■■-■■■■

診療日: 2021年 8月 1日発行日: 2021年 8月 1日

基本 再診 73点 × 1
明細書発行体制等加算
1点 × 1
時間外対応加算2 3点 × 1
医科外来等感染症対策実施加算(再診料・外来診療料)
5点 × 1
外来管理加算 52点 × 1
医管 特定疾患療養管理料
225点 × 1
投薬 処方箋料(その他) 68点 × 1
特定疾患処方管理加算2(処方箋料) 66点 × 1

一部負担金	¥1,480
自費(文書料以外)	¥0
文書料	¥0
消費税	¥0
未収金	¥0
請求額	¥1,480
領収額	¥1,480

- 1 -

※厚生労働省が定める診療報酬や薬価等には、医療機関等が仕入れ時に負担する消費税が反映されています。

（出所）アライドメディカル作成

図表1-3　高井君と安田君の薬局調剤明細・領収書（再掲）

調剤明細・領収書

患者番号: 10000
患者氏名: 高井 太郎　様

東京都新宿区■■■■■■■
■■■■■■■■■薬局
03-■■■■-■■■■

調剤日: 2021年 5月 1日　発行日: 2021年 5月 1日

管理 薬剤服用歴管理指導料(3月以内処方箋以外)　57点
調技 調剤基本料1　42点
管理 調剤感染症対策実施加算(調剤基本料加算)　4点
調技 内服薬調剤料　77点
薬剤 アプルウェイ錠20mg 1T
19点×30　570点

合計　750点
一部負担金　¥2,250
自費(文書料以外)　¥0
文書料　¥0
消費税　¥0
前回未収金　¥0

請求額　¥2,250
領収額　¥2,250

- 1 -

調剤明細・領収書

患者番号: 20000
患者氏名: 安田 次郎 様

東京都新宿区■■■■■■■
■■■■■■■■■薬局
03-■■■■-■■■■

調剤日: 2021年 8月 1日　発行日: 2021年 8月 1日

調技 調剤基本料1　42点
管理 薬剤服用歴管理指導料(3月以内処方箋以外)　57点
調技 内服薬調剤料　86点
薬剤 メトホルミン塩酸塩錠500mgMT「明治」3T　3点×90　270点

合計　455点
一部負担金　￥1,370
自費(文書料以外)　￥0
文書料　￥0
消費税　￥0
前回未収金　￥0

請求額　￥1,370
領収額　￥1,370

- 1 -

（出所）アライドメディカル作成

図表3-1　高井君と安田君の処方箋

処　方　箋

（この処方箋は、どの保険薬局でも有効です。）

10000　　　　負担：30%

公費負担者番号

公費負担医療の受給者番号

保険者番号　06130008

被保険者証・被保険者手帳の記号・番号　1111・111

患者
氏名　タカイ タロウ　高井 太郎
生年月日　明 大 昭 平 令　45年5月5日　男・女
区分　被保険者　被扶養者

保険医療機関の所在地及び名称　東京都新宿区■■■■■■■■■■■■■■■■クリニック
電話番号　03-■■■■-■■■■
保険医氏名　印

都道府県番号　13　点数表番号　1　医療機関コード　123456

交付年月日　令和3年5月1日

処方箋の使用期間　年　月　日　特に記載のある場合を除き、交付の日を含めて4日以内に保険薬局に提出すること。

処方

個々の処方薬について、後発医薬品（ジェネリック医薬品）への変更に差し支えがあると判断した場合には、「変更不可」欄に「レ」または「×」を記載し、「保険医署名」欄に署名又は記名・押印すること。

変更不可

×

【内服】
アプルウェイ錠20mg　　1T
分1 朝食後
--------------30日分
（以上）

変更不可

備考

保険医署名　「変更不可」欄に「レ」または「×」を記載した場合は、署名又は記名・押印すること。　印

保険薬局が調剤時に残薬を確認した場合の対応（特に指示がある場合は「レ」又は「×」を記載すること。）
□保険医療機関へ疑義照会した上で調剤　□保険医療機関へ情報提供

調剤済年月日　令和　年　月　日
公費負担者番号

保険薬局の所在地及び名称　保険薬剤師氏名　印
公費負担医療の受給者番号

処　方　箋

（この処方箋は、どの保険薬局でも有効です。）

20000　　　　負担：30％

公費負担者番号								
公費負担医療の受給者番号								

保険者番号	0	6	1	3	0	0	0	7
被保険者証・被保険者手帳の記号・番号	2222・22							

患者		
氏名	ﾔｽﾀﾞ ｼﾞﾛｳ 安田 次郎	
生年月日	明 大 昭 平 令 45年6月6日	男・女
区分	被保険者	被扶養者

保険医療機関の所在地及び名称　東京都新宿区■■■■■■■■
■■■■■■■■クリニック

電話番号　03-■■■■-■■■■

保険医氏名　　　　印

都道府県番号	1	3	点数表番号	1	医療機関コード	1	2	3	4	5	6	

交付年月日	令和3年8月1日	処方箋の使用期間	特に記載のある場合を除き、交付の日を含めて4日以内に保険薬局に提出すること。 年　月　日

処方

個々の処方薬について、後発医薬品（ジェネリック医薬品）への変更に差し支えがあると判断した場合には、「変更不可」欄に「レ」または「×」を記載し、「保険医署名」欄に署名又は記名・押印すること。

変更不可		変更不可	
×	【内服】 メトホルミン塩酸塩錠500mgMT「明治」　3T 分3　毎食後 ---------------90日分 （以上）		

備考

保険医署名　「変更不可」欄に「レ」または「×」を記載した場合は、署名又は記名・押印すること。　　印

保険薬局が調剤時に残薬を確認した場合の対応（特に指示がある場合は「レ」又は「×」を記載すること。）
□保険医療機関へ疑義照会した上で調剤　　□保険医療機関へ情報提供

調剤済年月日	令和　年　月　日	公費負担者番号								
保険薬局の所在地及び名称 保険薬剤師氏名	印	公費負担医療の受給者番号								

（出所）アライドメディカル作成

療費を比較し検討する上では本質的なことではない。点と円が混在するとややこしいので、以降はすべて円で説明する。

薬関連費用の詳細を見る

高井君と安田君には、機序の異なる薬が処方されていたが、服用量は標準的な量だった。なお「機序」は後で説明するが、薬が人体に作用する仕組み、方法と考えていただきたい。

これならば薬の価格の比較はしやすい。薬局の明細・領収書の点数を金額に置き換えてみると、高井君は７５００円、安田君は４５５０円である。高井君は30日分だけだが、90日分の安田君より高い。

二人の購入量が違うので、単純に高いのか安いのかを判断できない。そこで1日あたりの医療費という指標を使う。高井君は医師の指示通り、明朝から毎日1錠を服用すれば、30日後に薬はなくなる。だから再度病院で診療を受け医師から処方箋をもらう必要がある。そして処方箋を薬局に持ち込み、薬を購入する。

生活習慣病の治療はほとんどの場合、患者は薬を飲み続ける必要がある。高井君は毎月毎月、年に12回、病院と薬局に行かなければならない。一生繰り返すかもしれない。

これに対し安田君も毎日薬を飲むが、1回90日分の薬をもらっているので、年に4回病院と薬局に行けばよい。何度も行けば割引になるわけでもないので、高井君には薬代と薬局の手数料、すなわち薬の購入関連の医療費として年間9万円、安田君には1万8200円かかる。

定期的に病院に通うなら、年間費用を365日で割り算しても、1回あたりの費用をもらった薬の日数で割り算しても、ほぼ同じ金額になる。1日あたりで計算すると、高井君は1日250円、安田君は1日51円となり、同じ病気なのに薬代や薬局への手数料を合計した薬関連費用は5倍も違うことがはっきりする。

同じ用途の薬でも3倍から6倍の価格差

ここで計算した薬剤関連の費用は、薬自体の価格と薬局における手数料の合計である。まず、薬自体の価格を見てみよう。

高井君の薬は2014年に市場に現れたSGLT2阻害薬という新型の機序の薬である。

血糖値を下げるためには、膵臓に作用してインスリンを分泌させ、ブドウ糖を血液から筋肉に吸収させる方法や、SGLT阻害薬のように腎臓に作用して血中のブドウ糖を尿に出してしまう方法など、数種類の仕組みの薬が存在する。このような仕組みが機序である。

一方、安田君は、昔から使われているビグアナイドという薬を処方されている。ビグアナイドは、肝臓で作られるブドウ糖の放出を抑え、筋肉や脂肪組織が糖を取り込むのを促進し、小腸の糖吸収を抑制するという複数の作用によって血糖を下げる機序を持つ。

SGLT2阻害薬が新型の機序の薬と言っても、世の中に現れて7年経っている。ところが、薬剤の世界では新しい部類になる。安田君のビグアナイドは1961年から使われているので60年になる。こんなに古いものでも日本やアメリカをはじめ広く世界で糖尿病の第1選択薬剤として認められている。

アライドメディカルが調査した電子カルテデータを見ると、2020年に糖尿病の投薬患者4273人の38%がビグアナイドを服用している。一方、SGLT2阻害薬は2020年に27%程度の患者が服用しており、薬の世界では新旧が幅広く入り乱れていることがわかる(図表3―2)。SGLT2阻害薬は、7年程度は経っている新型機序の薬だが、薬剤特許も有効な新薬なのである。

国民健康保険や民間の健康保険など、公的医療保険で使える薬の価格は国が定めており、2年ごとに改定される。ほとんどの薬は次第に安くなっていくが、新規に開発された薬は非

図表3-2 糖尿病患者4273人に投薬された機序別の患者数（2020年）

機序	商品名例	服用患者数（重複あり）
DPP4阻害薬	ジャヌビア、エクア、グラクティブ	2453
ビグアナイド薬	メトグルコ	1627
SGLT2阻害薬	ルセフィ、ジャディアンス、スーグラ、フォシーガ	1156
スルホニル尿素（SU）薬	アマリール、グリメピリド、オイグルコン	907
ビグアナイド薬とDPP4阻害薬の合剤	エクメット配合錠	603
α-GI（αグリコシダーゼ阻害薬）	ベイスン、ボグリボース	536
インスリン製剤	ランタス、ノボラピッド	444
DPP4阻害薬とSGLT2阻害薬の合剤	スージャヌ配合錠、カナリア配合錠	265
チアゾリジン薬	アクトス	236
速効性インスリン分泌促進薬	グルファスト、ファスティック	154
GLP1受容体作動薬	ビクトーザ	108
DPP4阻害薬とチアゾリジン薬の合剤	リオベル配合錠	66
速効性インスリン分泌促進薬とα-GIの合剤	グルベス配合錠	39
ビグアナイド薬とチアゾリジン薬の合剤	メタクト配合錠	26
インスリン製剤とGLP1受容体作動薬の合剤	ゾルトファイ配合注	29
スルホニル尿素（SU）薬とチアゾリジン薬の合剤	ソニアス配合錠	10

（出所）アライドメディカル作成

常に高い価格になる。20年ないし25年の特許期間が過ぎると、競合他社も同じ成分の薬剤を販売できるようになり、後から販売するメーカーは莫大な開発費用は必要ないから、格安で販売できる。

このような薬をジェネリック薬と呼ぶ。特許は薬として効果のある物質を発明したときから20年ないし25年有効だが、薬として販売するには、製品化のための開発、安全性や有効性の確認と国による認可が必要で、かなりの時間がかかる。そうなると販売から10年くらいしか特許期間がないことになる。

先の図表1－3（再掲）にある薬価を見てみる。高井君に処方されているアプルウェイ錠20㎎は、ＳＧＬＴ2阻害薬である。２０１4年に販売が開始された特許期間中の新薬で、1日1錠を服用する。1錠、すなわち1日分の価格は19点、つまり１９０円である。

一方、安田君のメトホルミン塩酸塩錠ＭＴ５００㎎は、ビグアナイドと呼ばれるグループの薬で、日本で２０１０年に承認されたメトグルコという商品名のジェネリック薬である。安田君は1日3錠を服用するため、1日分の価格は3点、つまり30円である。

メトホルミンという成分の薬は日本で１９６1年から販売されている。１９７0年代にこれと類似の分子構造のフェンホルミンという薬に副作用が見つかったという理由で、

１９７７年に日米欧でフェンホルミンの使用が禁止された。日本では類似のメトホルミンも服用量が半分に減らされた。

その後、２０１０年に濡れ衣が晴れて、服用量を元に戻したメトグルコという製品が承認された。図表３－３によれば、安田君のメトホルミン塩酸塩剤ＭＴ５００㎎はこのメトグルコのジェネリック薬で、1錠が10・1円、1日3回毎食後に服用し、1日あたり30・3円である。薬の価格だけを比較すると、1日あたりで高井君は6倍も高額な薬代がかかっていることになる。

ちなみに、メトホルミンは中世から地中海沿岸で使われていたマメ科のガレガという薬草をもとに１９２９年に作られた薬で、長い歴史があり価格は低い。しかし、その後は長らく、より高価な新薬に押されてあまり使われなかった。近年になってその効果が見直され、現在では全世界の糖尿病患者にもっとも頻繁に投与されている薬である。

高井君と安田君の薬は、説明のために1日あたりの費用が6倍も異なる薬として例示した。しかし、この例はそれほど極端ではない。標準的な成分量の薬を比較するときには1日薬価というものを使う。1日薬価とは、事前に指定された用法などに従って標準的な用量でその薬を投与したときにかかる1日あたりの金額である。図表３－３に示すように、高血圧

図表3-3　生活習慣病治療薬　1日薬価（標準量／2021年4月）

	機序	総称名	一般名	先発品薬価	後発品薬価
高血圧症薬	アンジオテンシンⅡ受容体拮抗薬	ディオバン	バルサルタン	76.8	18.8
		アバプロ	イルベサルタン	85.0	19.3
		オルメテック	オルメサルタン	86.9	16.2
		ミカルディス	テルミサルタン	87.1	12.7
		ニューロタン	ロサルタン	92.3	22.1
		ブロプレス	カンデサルタン	99.7	17.0
		アジルバ	アジルサルタン	140.2	後発品なし
	カルシウム拮抗薬	カルスロット	マニジピン塩酸塩	23.1	10.1
		ヘルベッサー	ジルチアゼム塩酸塩	23.9	10.1
		カルブロック	アゼルニジピン	24.5	10.1
		ペルジピン	ニカルジピン塩酸塩	25.6	11.8
		アダラート	ニフェジピン	26.6	11.8
		ベック	アラニジピン	27.5	なし
		コニール	ベニジピン塩酸塩	33.5	14.0
		バイロテンシン	ニトレンジピン	33.8	14.7
		ニバジール	ニルバジビン	46.0	20.2
		アムロジン	アムロジピンベシル酸塩	34.3	10.1
		ペルジピン	ニカルジピン塩酸塩	25.8	17.1
		アテレック	シルニジビン	39.8	21.1
		ヘルベッサー	ジルチアゼム塩酸塩	30.9	17.1
		ヒポカ	バルニジピン塩酸塩	48.0	後発品なし
		スプレンジール	フェロジピン	50.4	27.4
		ランデル	エホニジピン塩酸塩 エタノール付加物	52.4	後発品なし
糖尿病薬	ビグアナイド薬	メトグルコ	メトホルミン	13.2	10.1
		ブホルミン	ブホルミン塩酸塩	先発品 販売中止	19.6
	DPP4阻害薬	スイニー	アナグリプチン	103.4	後発品なし
		オングリザ	サキサグリプチン水和物	108.3	後発品なし
		マリゼブ	オマリグリプチン	122.6	後発品なし
		ジャヌビア、 グラクティブ	シタグリプチンリン	122.8	後発品なし

	機序	総称名	一般名	先発品薬価	後発品薬価
糖尿病薬	DPP4阻害薬	ザファテック	トレラグリプチンコハク酸塩	134.4	後発品なし
		テネリア	テネリグリプチン臭化水素酸塩水和物	134.7	後発品なし
		トラゼンタ	リナグリプチン	137.5	後発品なし
		エクア	ビルダグリプチン	138.0	後発品なし
		ネシーナ	アログリプチン安息香酸塩	170.1	後発品なし
	SGLT2阻害薬	ルセフィ	ルセオグリフロジン水和物	170.7	後発品なし
		カナグル	カナグリフロジン水和物	176.7	後発品なし
		フォシーガ	ダパグリフロジンプロピレングリコール水和物	185.2	後発品なし
		スーグラ	イプラグリフロジンL-プロリン	188.6	後発品なし
		ジャディアンス	エンパグリフロジン	189.7	後発品なし
		デベルザ、アプルウェイ	トホグリフロジン水和物	191.6	後発品なし
脂質異常症治療薬	フィブラート系薬	クロフィブラート	クロフィブラート	先発品販売中止	26.1
		リピディル	フェノフィブラート	41.0	17.7
		ベザトール	ベザフィブラート	43.6	20.2
	HMG-CoA還元酵素阻害薬（スタチン）	メバロチン	プラバスタチンナトリウム	54.5	15.3
		リポバス	シンバスタチン	63.9	16.9
		ローコール	フルバスタチンナトリウム	68.2	35.4
		リピトール	アトルバスタチンカルシウム水和物	72.8	17.6
		リバロ	ピタバスタチンカルシウム水和物	80.2	20.7
		クレストール	ロスバスタチンカルシウム	191.2	34.4

（注）第一選択薬など代表的な機序のみ。
（出所）アライドメディカル作成

症に使う薬では、1日薬価が安いものは10円、高いものは140円で14倍、脂質異常症では15円から191円で、13倍ほどの価格差が存在する。

新しい機序の薬が最近開発されていない場合は、薬の価格差は小さくなる。

ジェネリック薬に変更すれば医療費は安くなるのか

新規の機序で新規の分子を使った薬を「ピカ新」と呼ぶ。最も輝かしくピカピカに見えるからそう呼ばれるのだと思うが、業界での俗称だ。これに対し、同じ機序で新しい成分分子を使った新薬は、ゾロゾロ出てくるので「ゾロ新」と呼ばれる。

こうした薬の呼び方は第4章で薬のメカニズムを交えて改めて説明する。ピカ新とゾロ新を総称し新薬と呼んでいる。いずれもそれまで使われていない成分分子を使うので新薬であり、分子に対し特許を受けている。特許権が有効な期間は高い薬価が付けられる。

これに対し、特許が切れた後にいろいろなメーカーが同じ分子を使って作る薬が、いわゆる「ゾロ」である。正式にはジェネリック薬と呼ぶ。開発費がほとんどかからないので安く製造でき、非常に安く販売される。

ジェネリック薬も製造元は異なるものの、成分は元の新薬と同一なので、同じ用途に使われ効き目も同じと考えてよい。新薬のような厳格な承認のプロセスを経ないが、体内で元の新薬と同じように作用するのかなどのチェックを通過しないと製品化できない。

つまりある特定の薬の出自は、ピカ新、ゾロ新、ジェネリックのいずれかである。そしてピカ新もゾロ新も生まれは新薬だが、10年くらい経つと自動的に特許が切れてジェネリック薬が市場に出てくる。ジェネリック薬の安値に合わせ新薬も特許期間中の価格より大幅に安くなる。

ノルバスクという商品名で今も販売されている高血圧症治療薬がある。昔に発売されたゾロ新だが、値段推移を見ると1993年の発売当初は5㎎1錠が133・2円だったものが、特許が切れた2008年には75・6円となり、2021年には34・3円まで下がった。新薬はいずれもこのような値下がりが普通である。

しかし、それでも新薬はブランドが浸透しているので、ジェネリック薬よりは高くなる。2008年から販売されているノルバスクのジェネリック薬、アムロジピン5㎎錠という商品は、発売当初が52・9円、2021年は12・8円で、登場から20年以上経った今でもノルバスクはジェネリック薬の3倍くらいの価格となっている。この価格推移を図表3－4に示す。

図表3-4　高血圧症治療薬　新薬と後発薬の価格推移

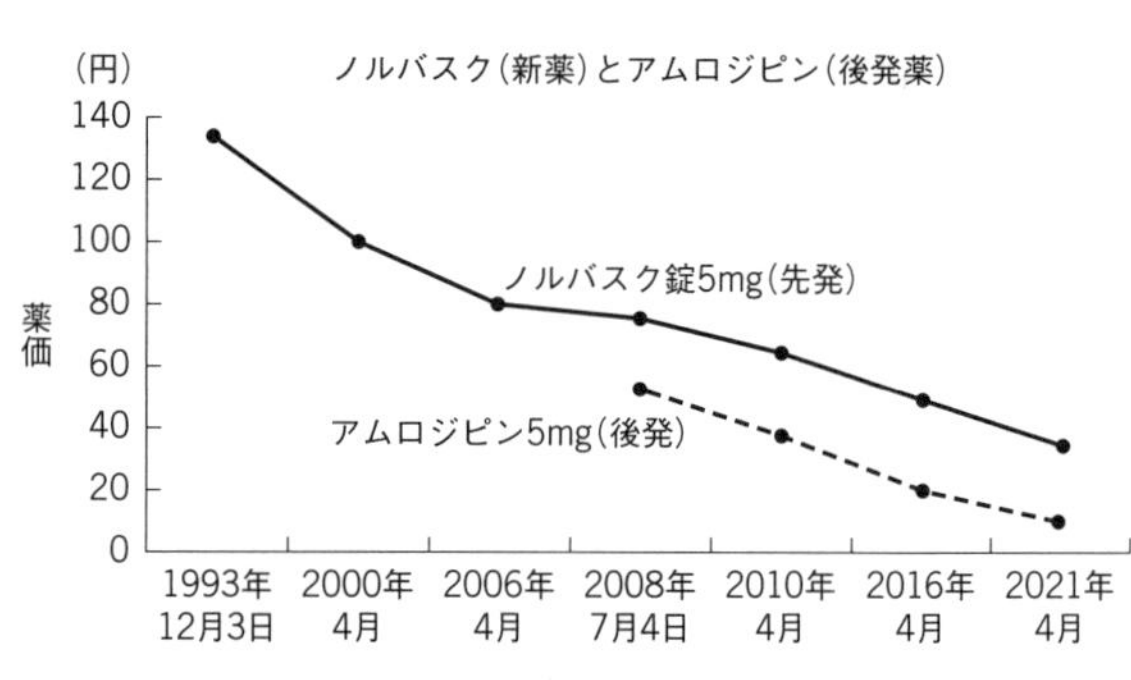

（出所）アライドメディカル作成

ジェネリック薬が出てきた後の新薬を、特許期間中の新薬と区別して、一般的な呼び方ではないが、ここでは「元新薬」と呼ぶ。

２０２１年３月の電子カルテデータ中の生活習慣病薬の実処方量と実価格を合計して１日あたりの価格を計算すると、元新薬はジェネリック薬の３・３倍となる。

政府はジェネリック薬使用を奨励している。これは元新薬を使わずにジェネリック薬を使えと言っているのである。元新薬と置き換えることができるジェネリック薬は、価格差があっても成分は同じだから、医師としても抵抗なく切り替えられるはずと考えているのだろう。それにより医療費が下がることを期待している。

実際に、処方箋に元新薬の薬名が書いてあっても、薬局ではジェネリック薬に置き換えて患者に調剤してよい制度になっている。報酬の面でもある程度のインセンティブがあり、ジェネリック率はこれまで年々数%ずつ上昇してきた。

厚労省統計ではジェネリック薬の使用率は、2018年に数量ベースで73%程度、2020年9月時点ではほぼ目標レベルの78・3%だった。ここでいうジェネリック薬の使用率は、元新薬とジェネリック薬の量の合計を100として、そのうちジェネリック薬の占める比率である。全国健康保険協会（協会けんぽ）の統計では、2020年10月の調剤薬局における販売量のうち82・4%がジェネリックと発表している。

本書の電子カルテ分析では生活習慣病薬に限って集計しているが、2021年3月分の処方日数ベースの計算で（これは概ね薬剤の数量となる）ジェネリック薬の使用率は85・7%である。すでに相当分がジェネリック薬に切り替わっていることがわかる。今後もさらに上昇すると思われる。

しかし、厳密にいうと、電子カルテではジェネリック薬の使用率は正確にはわからない。処方箋に元新薬名が書いてあれば、薬局ではジェネリック薬に取り換えるのが普通だが、一部の薬局では取り換えないこともあるからだ。医師がジェネリック薬に「置き換え不可」と処方箋に明示した場合、薬剤師は変更できない。先ほどの85・7％は医師が置き換え不可と明示している元新薬を除いた残りに近いと考えてよい。

それでは、医師が置き換えるなと明示した元新薬を、ジェネリック薬にすべて切り替えると、薬剤全体の費用はどの程度下がるのか？　細かい計算は除くが、電子カルテのデータから試算すると、生活習慣病薬の場合、金額で約7％である。これはすべてが置き換わったときの上限の数字であって、現実は数％の余地があると考えるのが妥当だろう。

そもそも生活習慣病薬の場合、元新薬とジェネリック薬合計で数量として79・8％を占めるのに、金額では30・4％にしかならない。残りの約7割は、ピカ新・ゾロ新、つまり特許期間中のもので同じ成分分子の薬が存在しない値段の高い薬剤の費用である。

これらを特許が切れた元新薬（ジェネリック薬ではない）に置き換えたとすると、薬剤費用は半分になる。いわゆるジェネリック薬置き換えに比べ、薬剤費へのインパクトは圧倒的に大きく、生活習慣病薬だけで年間1兆円ほど安くなる。

ジェネリック薬置き換えについて正しく理解していただきたいので、長く説明をした。しかし、この問題は本書の中心的な論点ではない。

薬局の手数料は処方日数が長くなるほど下がる

ここまで、同じ用途でも価格の高い薬と低い薬が併存しており、その差は非常に大きいことを見てきた。次に、治療費用を構成するもう1つの要素である手数料を見てみる。手数料は病院の手数料と薬局の手数料の2つがある。双方とも大きな金額で、それぞれをよく見なければならないが、説明が簡単な薬局手数料を先に議論する。

薬局の明細・領収書を見ると、薬代以外に基本的な手数料として、薬剤服用歴管理指導料、調剤基本料、内服薬調剤料という項目が請求されている。高井君はそれぞれ570円、420円、770円、安田君は570円、420円、860円となっている。合計すると薬局の手数料は高井君が1760円、安田君が1850円である(なお、これらの調剤報酬は2022年4月の法改正で一部変更されている)。

最初の項目にある「薬剤服用歴管理指導料」とは、患者が服用する薬に飲み合わせの悪いものがあるかどうか(相互作用という)を、薬剤師がチェックしたり、患者に副作用などがないか、顔色を見たり質問をしたりして、問題があれば医師に連絡し、薬を変更してもらうサービスの手数料である。これは薬の購入量にかかわりなく、一定の金額を請求される。30

日分を買った高井君も90日分を買った安田君も同じ金額である。

患者が複数の病院をはしごしている場合、それぞれの医師が、他の病院で処方されている薬を知らずに処方してしまうことがある。

このときに、たまたま飲み合わせの悪い薬が処方されてしまった場合、患者が1つの薬局で薬を購入するなら、その薬局の薬剤師はこれをチェックして医師に通知できる。これは薬剤師の職業的な専門知識によってなされるので、それに対する手数料として570円の価格がついている。

無条件に請求される各種手数料

しかし、高井君や安田君の場合は、血糖値を下げる薬以外は服用していないので、薬局で飲み合わせをチェックする必要はない。時に糖尿病の薬を複数処方されることもあるが、1人の医師の管理下で処方されるので、飲み合わせや飲み過ぎのようなことは医師が管理できき、問題は起こらないはずである。しかし、そうであっても有無を言わさず、酒場のお通しのように570円の薬剤服用歴管理指導料が請求されることが普通だ。

二番目の「調剤基本料」420円は、無条件に請求される項目である。薬局を開くには麈の少ない部屋を作るなど、役所が定めた一定の基準を満たさなければならない。このような薬局特有の費用に対する報酬が調剤基本料である。

三番目の「内服薬調剤料」は、言葉の通り薬を棚からピックアップして数を数えて薬袋に入れる手数料である。昔は粉薬をセロファンのような小さな袋に1回分ずつ小分けするとか、乳鉢で細かく砕くとか、棚から取り出して患者に渡すまでの間に手間のかかる作業をしていた。しかし、今はほとんどの錠剤は写真のようにＰＴＰという包装形態になっていて、1錠ごとに別々のバブルに密閉され、7日分とか10日分がひとかたまりの薄いプラスティック容器に封入されている。服用時はＰＴＰ包装のバブルを指で押すことにより、裏側のシールを破って1錠ごとに取り出す。10日分のプラスティック容器は途中をハサミで切ることができて、2日分でも5日分でも錠剤に手を触れることなく、錠剤が外気に触れることもなく調剤できる。

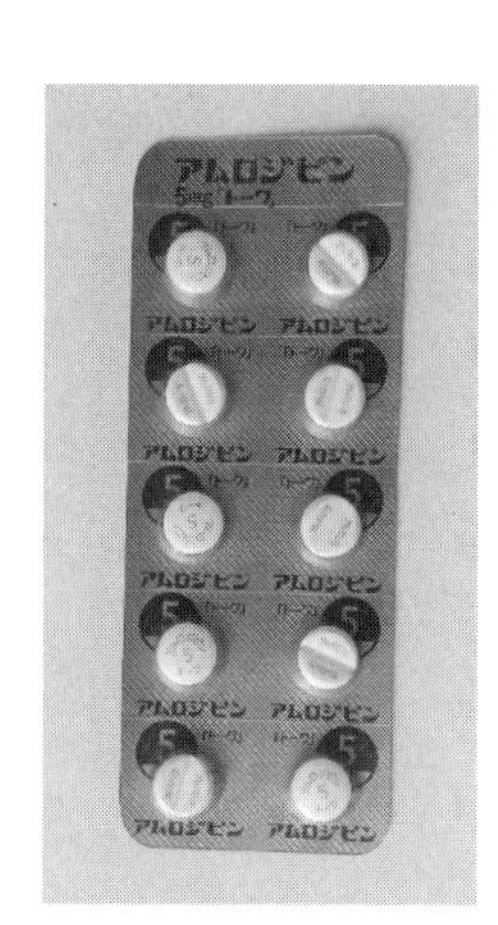

PTP包装の例

粉薬についても1回分が小分け包装になっているので、調剤時に薬剤は外気にも手にも触れない。それでもタクシーの初乗り料金とほぼ同じか、それ以上の高い手数料を無条件に請求される。

さらに感染症対策実施加算という40円の項目がある。これは新型コロナウイルス対策のため特別に加えられた項目で、常時請求されるわけではない。

薬局の主な手数料を合計すると、高井君は１７６０円、安田君は１８５０円と、ほとんど差はない。しかし1日あたりでは、それぞれ59円と21円となり、3倍の日数の薬を買った安田君は高井君と比べて薬局の手数料は6割も安い。

薬局の手数料は、処方する薬の種類数と処方日数によると法律で決められている。種類数は薬の種類ではなく、飲み方のタイミングの違いを種類と考える。たとえば、薬Aと薬Bをどちらも朝食後に1日1回服用する場合は、薬局手数料を決めるときの種類数は1種類となる。薬Aは朝夕に2回服用し、薬Bは朝1回の場合は2種類と計算し、内服薬調剤料は2倍になる。高血圧症の薬であっても糖尿病薬であっても、薬局手数料は同じである。

1種類の薬だけを処方する場合の処方日数と、1日あたりの手数料の関係を、図表3－5に示す。処方日数が増えると劇的に安くなることがわかるだろう。28日分の薬を買えば、薬局の手数料は1日あたり63円かかるが、3カ月分を買うと21円になる。処方日数が3倍にな

図表3-5　1日あたり薬局手数料は処方日数に反比例する

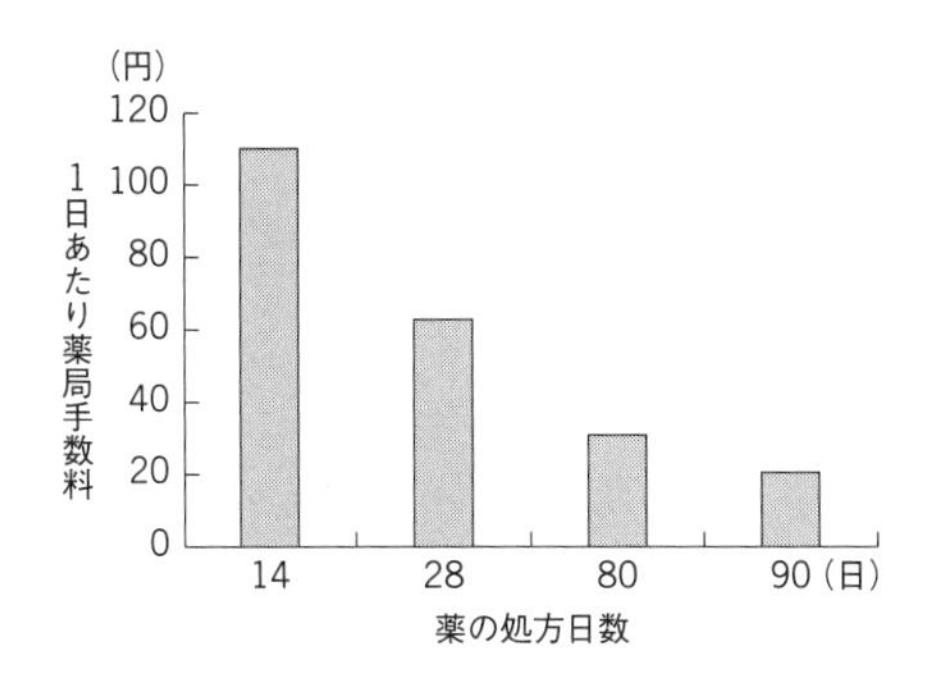

(出所) アライドメディカル作成

れば、1日あたりの薬の値段は同じだが、薬局手数料は3分の1になる超ボリュームディスカウントである。ボリュームディスカウントとは、大量のまとめ買いで大幅に値引きとなることである。

典型的な血圧の薬だと、安いものは1日分が14円くらいなので、3倍の日数分を買うと、薬代を入れた総額でも1日あたり74円から35円と半値になる。

薬局のボリュームディスカウントと言っても、保険医療制度により決められたものだ。在庫が余っている薬があるからといって、一般の商品のように薬局が自由にまとめ売りで価格を下げるわけにはいかない。薬局は商品も販売量も、すべて医師が発行した処方に従わなければならない。

これは厳格な法律に基づいており、薬局が処方箋を逸脱することはない。薬局の薬剤師が処方箋に書かれた薬の種類や量が適切ではないと考えたとしても、薬剤師は必ず処方箋を書いた医師に連絡し、指示を受けなければならない。つまり薬局手数料には大きなボリュームディスカウントがあるとは言え、手数料を決めているのは医師なのである。

病院の手数料も診療間隔が長いと極めて安くなる

生活習慣病の治療は医師による診察と投薬と検査からなっている。生活習慣病に関しては、手術やリハビリテーションは行われない。入院治療を行うこともあるが、稀である。投薬は医師が薬の種類や量を考えて処方箋を書き、薬は患者が薬局で直接購入する。だから病院の手数料というのは、医師の診察、処方箋発行、検査の手数料がすべてと考えてよい。病院で薬を患者に販売する場合もあるが、医薬分業の原則がある今の医療制度では入院患者を除けば、薬は病院と別の薬局で患者が購入する。

病院が自身で薬を患者に販売する場合もいくらかあるが、薬を患者ごとに袋詰めしたりする病院の手数料は、医療保険制度で非常に安く設定されているため、全体として薬を売るための手数料は病院の手数料に含まれないと考えてよい。薬販売の手数料は薬局に対して支払うことになる。

図表3-6　生活習慣病医療費の受診1回あたり費用内訳

	構成比（%）	医療費（円）
病院手数料	37	3,190
検査と画像料	6	557
薬局手数料	12	996
薬代	45	3,819
合計	100	8,562

（注）高血圧症、糖尿病、脂質異常症 いずれかの外来受診22万5000回の平均値。
（出所）アライドメディカル作成

生活習慣病の患者が病院に支払っている実際の手数料の割合を、９万１０００人の患者の２０２０年のべ22万５０００回の診療について集計してみたのが、図表３－６である。一度の受診で８５６２円の医療費がかかっている。病院に対して支払う医療費の中では、医師の診察手数料が８割程度を占め圧倒的に大きいことがわかる。全医療費で見ると、医師の手数料と検査料を含めた病院への支払いは43％、薬代は45％、薬局で薬を買う際の手数料は12％である。

病院は患者に対し医療サービス、すなわち、診察、アドバイス、検査、手術、リハビリテーションなどを提供し、その対価としてお金を受け取る。普通の商行為と同じである。通常我々がモノやサービスを購入するときは受益者である自分自身で対価を支払うので、それがモノやサービスの価格になる。

しかし、医療の場合は、普通は患者が支払った額の3・3倍が、受益者である患者が受けた医療サービスの価格である。それは病院の売上に等しい。

実際にはいろいろな例外があり、患者負担金の3・3倍が医療費とは限らないが、本書では医療の価格に着目しているので、患者が支払うのは医療費の一部ということを理解しておけば十分である。

高井君と安田君の2人が病院で受け取る明細・領収書（前掲の図表1－2）を再度見てほしい。高井君と安田君が病院に行く頻度は、それぞれ30日ごとと90日ごとで、3倍も違うが、1回診療を受けたときに病院から請求されている医療費は同じで、自己負担額も含めると4930円である。

両君が実際に受け取った明細・領収書では価格が点で表示されているが、1点は10円と決まっており、数字が紛らわしいので、通常の買い物と同様に、ここでは円で説明する。

まず、「再診料」730円は、文字通り同じ病気の治療で二度目以降に来院した患者に対する医師の診療手数料である。

「明細書発行体制等加算」10円は、病院が請求するサービスやモノをすべて1項目ごとに明示し、それぞれの価格を印刷する手数料である。

図表3-7 診療明細・領収書の例

（控え）

診療明細・領収書

氏名 安田 次郎（ヤスダ ジロウ） 様　患者番号 20000　社保(30%)（本人）

診療明細	（診療日令和 3 年 8 月 1 日）	
(11)	初診	0 点
(12)	再診	134 点
(13)	医学管理	225 点
(14)	在宅	0 点
(20)	投薬	0 点
(30)	注射	0 点
(40)	処置	0 点
(50)	手術	0 点
(50)	麻酔	0 点
(60)	検査	0 点
(70)	画像	0 点
(80)	リハビリテーション	0 点
(80)	精神科専門療法	0 点
(80)	放射線治療	0 点
(80)	処方せん料	134 点
	病理診断	0 点
	介護料	0 単位
	計	493 点

一部負担金	1480円
自費（文書料）	0円
自費（文書料以外）	0円
消費税	0円
前回未収金	0円
請求額	1480円

領収額　1480 円

上記正に領収しました

発行日　年 8月 1日

東京都新宿区■■■■■■■■■

■■■■■■■■■クリニック

03-■■■■-■■■■

（出所）アライドメディカル作成

数年前までは、病院が患者に渡していた請求書の形式は図表３－７のようになっており、大まかな括りでその合計を表示しているにすぎなかった。スーパーのレジで、生鮮食品２０００円、乾物１０００円、お菓子５００円、合計３５００円という領収書を出すようなものだ。

今の病院はスーパーのレシートのように（図表１－２）、それぞれの大分類に含まれる明細を患者に渡すことが多い。この明細レシートを発行する手数料が「明細書発行体制等加算」10円である。

「時間外対応加算２」30円は、時間外に電話対応を行う病院の場合、時間外でなくても無条件に請求できる。実際に時間外に患者を診察した場合は、別途時間外料金や休日料金を請求する。

「医科外来等感染症対策実施加算」50円は、新型コロナ対策として期間限定で請求できるものである。密回避のためにパーティションをつけたり、定期的に部屋の空気を入れ替えたり、待合室の席を離したり、手指消毒のための消毒液を置いたりなどの対策をしていれば請求できる項目である。

「外来管理加算」520円は、問診や身体観察、丁寧な説明、指導など、医師が直接患者本人に診察を行い、聴取事項や所見の要点などをカルテに記載した場合に算定できる項目である。検査だけとか処方箋を渡すだけの診療では、この項目を請求できない。

「特定疾患療養管理料」2250円は、生活習慣病のような長期にわたる治療が必要な患者に対し、かかりつけ医師として健康状態を計画的に管理する報酬である。1カ月に2回までは請求可能なので、患者が頻繁に受診すれば結構高額な請求項目になる。

「処方箋料」680円は、文字通り医師が処方箋を発行する手数料である。薬局のように袋詰めするような手数料ではなく、紙に処方箋を書いて印刷するだけなので、高井君のように30日分の処方箋でも、安田君のように90日分の処方箋でも、金額は変わらない。

「特定疾患処方管理加算2」660円は、かかりつけ医師が総合的に病態分析を行い、それに基づく処方管理を行うことへの報酬とものの本には書いてあるが、要するに生活習慣病のような長期の患者に対して、医師が患者の状態を注意深く観察し、薬の量や種類などを調整することの報酬である。月に一度、28日以上の処方箋を発行したときに請求できる。

ここまで両君の病院における明細領収書に記載されている8つの項目を説明した。実際は、これらの項目を病院が請求する際には、通常の販売行為と比べるととんでもないレベルの細かな例外規定や条件、金額の微調整がある。

たとえば、特定疾患処方管理加算は、処方日数が28日なら650円請求できるが、27日なら180円しか請求できない。しかし、このように細かなことは、本書の理解には不要である。せっかく読んでいただいたのに申し訳ないが、忘れていただいて結構だ。

覚えておいてほしいのは、高井君の病院における医療費は、8項目合計で4930円、安田君も同じ4930円ということだけである。高井君は毎回30日の処方箋をもらうとすると年に12回受診する必要があり、毎回4930円かかるので、年間の医療費は病院だけで5万9160円かかり、安田君は年に4回受診すればよいから、年に1万9720円で済む。

1日あたりにすると、164円と55円となり、安田君は高井君と同じ病気なのに病院の手数料は3分の1しかかからない。

同じ病気でも人によって医療費は4倍になる

ここまで、病院の手数料、薬局の手数料、薬代の3つにわけて高井君と安田君の医療費を見てきた。

要約すると1日あたり医療費は、高井君が病院手数料164円、薬局手数料59円、薬190円、安田君は、病院手数料55円、薬局手数料21円、薬30円となり、合計でそれぞれ413円、106円となる。

すべてを合計すると、高井君には安田君より約4倍も多い医療費がかかっている（図表3－8）。

手数料部分だけ見ると223円と76円で約3倍の違いがあり、これは、病院の受診頻度が違うことによって生じる違いである。受診間隔が3倍であれば手数料は3分の1になるという反比例の関係になる。

薬自体の価格は一度にたくさん購入しても安くなるわけではない。純粋に安田君が医師から処方してもらった薬が高井君の薬の6分の1の価格だったということである。

結局、手数料と薬の価格を合わせて4倍の違いになる。年間医療費は15万7745円と3万

図表3-8 高井君と安田君の1日あたり医療費内訳

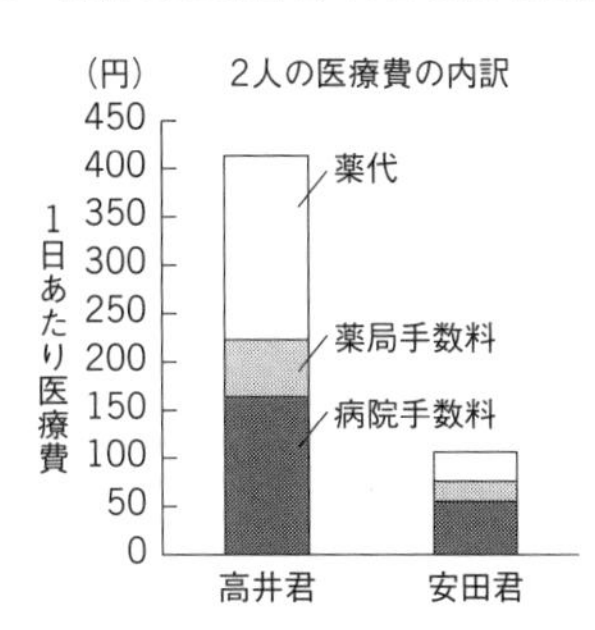

（出所）アライドメディカル作成

8690円となり、両君が自分で支払う自己負担金の額は4万5224円と1万1607円、安田君は高井君より3万3617円も少ない。

実際の診療では薬と手数料以外に検査の費用がかかる。糖尿病治療では血液を検査して、血糖をはじめ肝臓や腎臓の機能を検査する。このような検査は毎月行うことはなく、3カ月から5カ月に1回程度である。

高井君と安田君のように診療の頻度が違っていても、血液検査はおおむね同じような間隔で行うので、1日あたりの検査費用は両者で大差はなく、患者による医療費の違いの要素としては小さい。糖尿病患者への典型的な血液検査を90日に一度行ったとすると、検査料、採血料、医師の判断料を含めて1日あたり53円程度である。

高井君、安田君に当てはめると、双方とも90日に一

図表3-9　生活習慣病患者（余病・併病なし）の1日あたり医療費分布
（2020年電子カルテデータより）

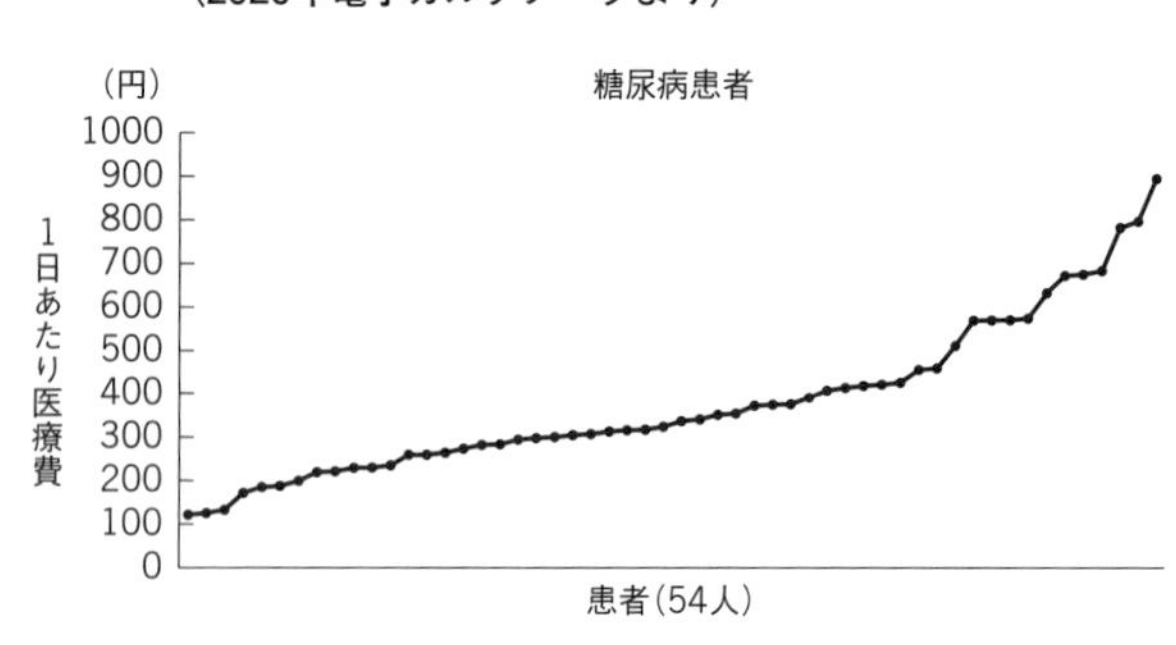

（出所）アライドメディカル作成

度血液検査を行ったとすると、それぞれの1日医療費は一律53円高くなって466円、159円となり、違いは3倍となる。

高井君や安田君のように、糖尿病以外に何の病気もない患者の2020年の医療費の分布が図表3－9で、高血圧症、脂質異常症患者の医療費分布が図表3－10である。

実際の病院のデータで見ると、どれを見ても患者ごとに医療費は広く分布している。患者の病気の重症度や年齢によって医療費が変わることは考慮しなければならず、正確には統計処理をしなければならないが、高井君と安田君のような違いは特別ではない。

繰り返すが、これは現実の世界で日常的に起こっていることで、患者は気づいていないだけなのであ

図表3-10　生活習慣病患者（余病・併病なし）の1日あたり医療費分布（2020年電子カルテデータより）

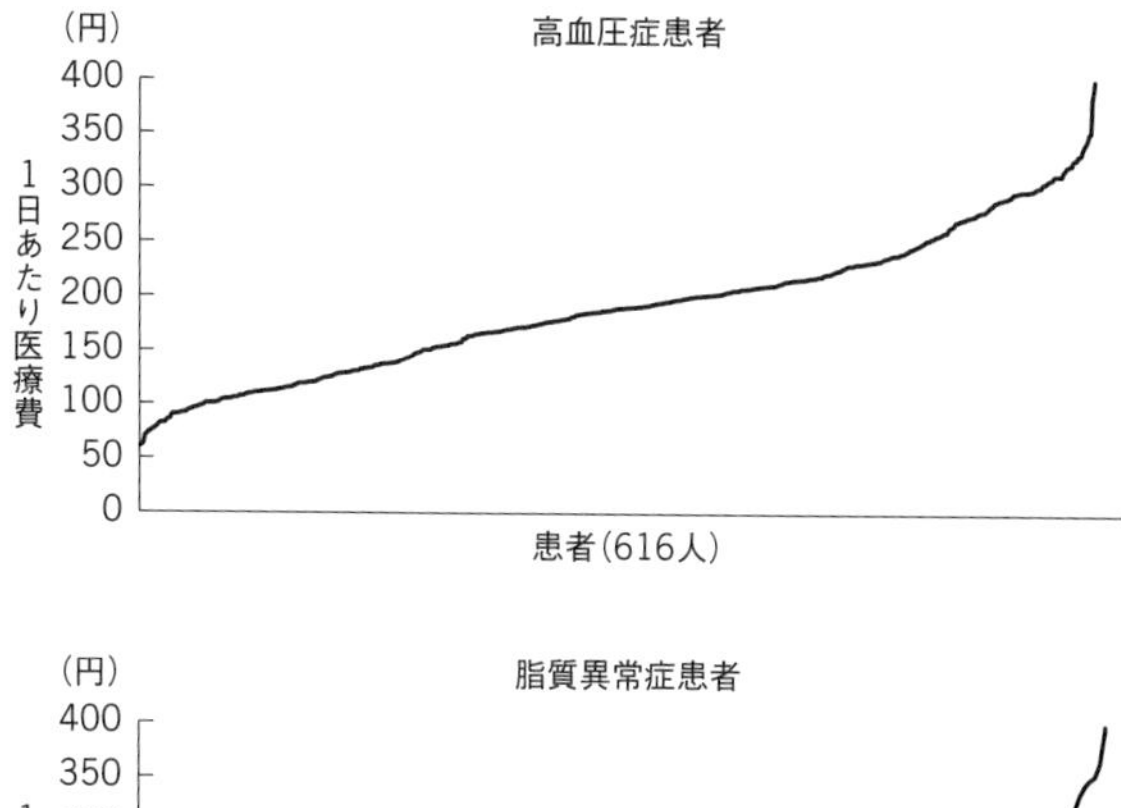

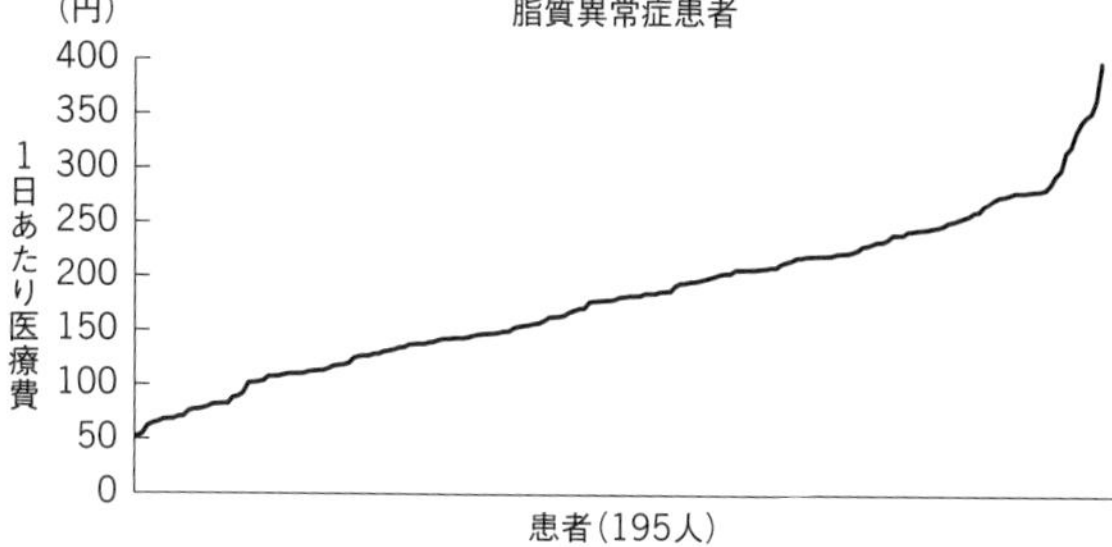

（出所）アライドメディカル作成

る。

第 4 章

薬の効果とは、どういうものか

機序とは薬が人体に作用する方式

薬とはどんなものか考えても意味がないと思われるかもしれない。しかし、そんなことはない。薬は日本で10兆円が費されている医療材料である。

高血圧症を治療する降圧剤だけで日本では94製品が販売されている。内科の疾患はほとんど薬で治している。30年くらい前まで、胃潰瘍になると手術をしたものだが、今は薬だけで治療する。今後も薬への期待と依存は減ることはないだろう。薬が医療の費用と効果に及ぼす影響は大きい。

したがって、私たちはまず薬とはどのようなものかを理解すべきである。

血圧を下げるための降圧剤は、いろいろなメーカーから販売されているが、数種類の機序に分類される。前章で触れたように、機序とは薬が人体に作用する方式のことで、英語では「メカニズム」という言葉を使う。

高血圧症の薬の機序には、

▽利尿をして、つまり体内の水分を体外に出すことによって血液の量を減らし、血圧を下げる方法、

▽交感神経に作用してその働きを抑え、興奮を鎮めることで血圧を下げる方法、
▽血管の細胞のカルシウムチャンネルという部分に作用することにより、血管を構成する筋肉の収縮を抑え、血液が流れやすくし血圧を下げる方法、
▽血管のアンジオテンシンⅡ受容体に作用して血管の筋肉を弛緩させ、血圧を下げる方法、
▽アンジオテンシンⅡが体内で作られるのを少なくする方法、
——などがある。

このアンジオテンシンⅡという物質名は血圧の薬にしばしば登場する。薬がどのようなものなのか理解する上で役立つと思うので、少し詳しく解説する。

腎臓が血液を十分にろ過するには、腎臓内のフィルターである糸球体の圧力がある程度必要なのだが、その圧力が不足すると、腎臓がレニンというホルモンを放出し、すぐに変換されてアンジオテンシンⅡが生成される。

アンジオテンシンⅡは血管の筋肉に作用し、収縮させて血圧を強力に上げる効果がある。そして腎臓が機能するようにろ過機能を保つ。「アンジオ」は血管の意味、「テンシン」はテンション、つまり緊張と同じ語源だと思われる。ここまでは、生体が生まれつき持っている機構だ。

この作用機構を少し妨害すれば、血管の緊張度を下げることができると考えた人がいた。血管にはアンジオテンシンⅡのセンサーがあり、そのセンサーがアンジオテンシンⅡの存在を認識すると、血管は血圧を上げるために緊張する。血管が緊張する原因はいくつかあるが、このアンジオテンシンⅡのセンサーに着目した。

研究の結果、血管のアンジオテンシンセンサーを働かなくする機能を持った分子を見つけた。この分子作用の仕組み、すなわちアンジオテンシンⅡのセンサーをブロックする仕組みのことを作用機序、短く機序とも呼ぶ。この機序を持つ分子がアンジオテンシンレセプターブロッカーで、ＡＲＢと略する。

血圧を調整する道具はアンジオテンシンⅡだけではない。血管の壁にはカルシウムイオンを細胞内に通すカルシウムチャンネルという窓がある。この窓は非常に重要な働きを数多く持つ。

この窓が開き、カルシウムが筋肉細胞に流れ込むと、筋肉が収縮したり、細胞が他の部分に信号を伝達するための物質を放出したりする。血管は筋肉のパイプでできており、この窓が開くと血管が緊張して細くなり、結果として血圧が上がる。だから、カルシウムチャンネルを開かなくすれば、血管は弛緩して血圧が下がる。この作用をする分子をカルシウムチャンネル・ブロッカーと呼び、業界ではCCBと略する。

たとえば、我々は犬に吠えられたりすると、身構えるだろう。意識しなくても体内では交感神経が興奮状態になって血液中にアドレナリンが放出される。血管や心臓の内部にはアドレナリンのセンサーがあり、アドレナリンを検出すると血管を緊張させて細くしたり、心拍数を上げたり、心臓の収縮を強くしたりする。いずれも血圧を上げることになる。

人が全力で逃げたり命がけで戦ったりするためには、血圧が高くなければならず、意識しなくても自動的に、私たちは身体の各所で秒単位で下準備を整えるのである。

血管や心臓にあるセンサーをα受容体、β受容体と呼ぶ。これらの受容体、すなわちセンサーをブロックすれば、血圧は上がらない。この作用機序をαブロッカーとかβブロッカーと呼ぶ。βは主に心臓、αは主に血管に作用する。

最近は主にARBとCCBが使われる。血圧を下げる機序にはそれ以外にもあるが、使われる頻度が低いので省く。それぞれの機序の薬の、実際の使用金額の割合は、図表4－1に示す。

ここでは薬の作用機序とはどのような概念なのか、実感として把握してもらうために、降圧剤についてやや詳しく説明した。糖尿病や脂質異常症の薬にも複数の機序があり、それぞ

図表4-1　降圧剤　機序別の使用金額（2020年、49医療機関）

降圧剤の機序	金額（円）	比率（%）
ARB	1億310万3454	35.9
CCB	6479万1180	22.5
ARB+CCBの合剤	6750万8305	23.5
αブロッカーまたはβブロッカー	1882万1193	6.6
ACEI	618万7966	2.2
利尿剤	940万8912	3.3
その他降圧剤	1752万1024	6.1
合計	2億8734万2033	100

（出所）アライドメディカル作成

れの作用メカニズムはバラバラで独特なものである。ここでは、機序という概念を理解するのが目的なので、高血圧症治療薬以外の機序についての説明は行わない。機序を知る必要がある場合は、それぞれの場面で説明を加える。

薬はどのように開発されてきたか

例示した数種の血圧降下剤の機序は、昔からあったわけではなく、数十年かけて徐々に発見され、開発されてきた。

利尿剤と交感神経に作用する降圧剤は１９５０年代からあった。カルシウムチャンネルをブロックするもの（ＣＣＢ）は１９７０年代から、アンジオテンシンⅡが体内で生成されるのを抑えるもの（アンジオテンシン変換酵素阻害薬、ＡＣＥＩ）は１９８０年代、アンジオテンシン受容体に作用するもの（ＡＲＢ）はおおよそ２０００年からである。２０１５年以降は血管を広げる仕組み、ＣＣＢとＡＲＢが主流となり、金額ベースでおおむね80％はこのタイプが使われている。

ＣＣＢが世に出てからＡＲＢが出るまで、20年以上経っている。ではその間に新しい薬剤が出なかったかというと、そうではない。この間にＣＣＢ機序だけでも15製品の新薬が発売されている。ＣＣＢでは、カルシウムチャンネルをブロックする分子を薬として体内に取り込むことにより、血圧を下げる。しかしカルシウムチャンネルをブロックする分子は１種類だけではない。新しい分子を発見して薬にすると、新薬として認められる。

薬メーカーは、常に薬として使える新しい物質や機序を探している。今まで使われてきた薬より効能が優れている、副作用が少ない、飲みやすいという可能性があれば、その物質を選別、実験し、製品化する。このプロセスは莫大な時間と資金を必要とする。それでも研究開発に努力するのは、結果として今までにない高性能な薬を製品化できれば、それまで投入した資金を十分に回収して利益を出せるだけの、高価格で売ることができるからである。

同じ機序の薬剤は分子構造も似ていることが多い。似ている薬剤は実験室でいろいろ生成できる。しかし、生体は非常に微妙であって、カルシウムチャンネルをブロックする作用はあっても、毒性がある分子も存在するし、副作用が強いものもある。また、同じカルシウムチャンネルといっても、人体には微妙に構造が異なる数種類のカルシウムチャンネルがあって、ある種の分子は目的とするチャンネル以外に対し強く作用したり、あるいは作用自体が弱すぎたりする。

黒塗りで消したい部分に墨を乗せると、周りに滲むことがあるように、薬もターゲットにぴったり作用するわけではなく、ぼんやりと広がって作用する。そして、その広がりの範囲や形は分子の種類により異なる。

だから、全く新規の機序が現れた後も、同種の機序であっても異なる成分の薬を開発し、高価格で売ることができる。実際、ＣＣＢが出てからＡＲＢが出現するまでに、11種の新分子が製品化されていることを見れば納得できるだろう。

ピカ新・ゾロ新・ゾロ――新薬とジェネリックのメカニズム・価格差

アンジオテンシンⅡ受容体をブロックする方法、ＡＲＢの機序は、１９９８年まで世界に存在しなかった。アンジオテンシンⅡという体内の物質が血圧を上げることは既知であり、その生成を阻害するメカニズムの薬剤は、当時すでに使われていた。しかし、アンジオテンシンⅡそのものを減らすのではなく、受容体をブロックする、つまり鈍感にすることによって血圧を下げるメカニズムの薬は、1998年に初めて世に出たのである。

このように、それまで存在しなかったメカニズムで働く薬が開発されたとき、それを、俗に「ピカ新」と呼ぶと前章で述べた。このピカ新は米国の大手製薬メーカーにより開発され、その薬効を持つ分子は「ロサルタンカリウム」と命名されている。商品目は「ニューロタン」という。

受容体をブロックする機序であるARBは、その後、世界のいろいろな企業が開発し市場に投入した。分子名としては、カンデサルタン、バルサルタン、オルメサルタン、テルミサルタン、イルベサルタン、アジルサルタンがある。これらは、機序としては最初ではないが、分子としては新しいので「ゾロ新」である。

10年もの年月をかけて新たなメカニズムを発見し、作用する物質を探索し、安全性と効き目を実験、途方もない努力と手間とコストをかけた結晶として日の目を見るピカ新と比べると、ゾロ新は楽に開発できる。とはいえ、ゾロ新は既発品よりも改良されていないと売れない。それぞれの分子ごとに改良された効き目や安全性を実証し、公的な機関から販売許可を

図表4-2　降圧剤におけるピカ新とゾロ新の1日薬価推移

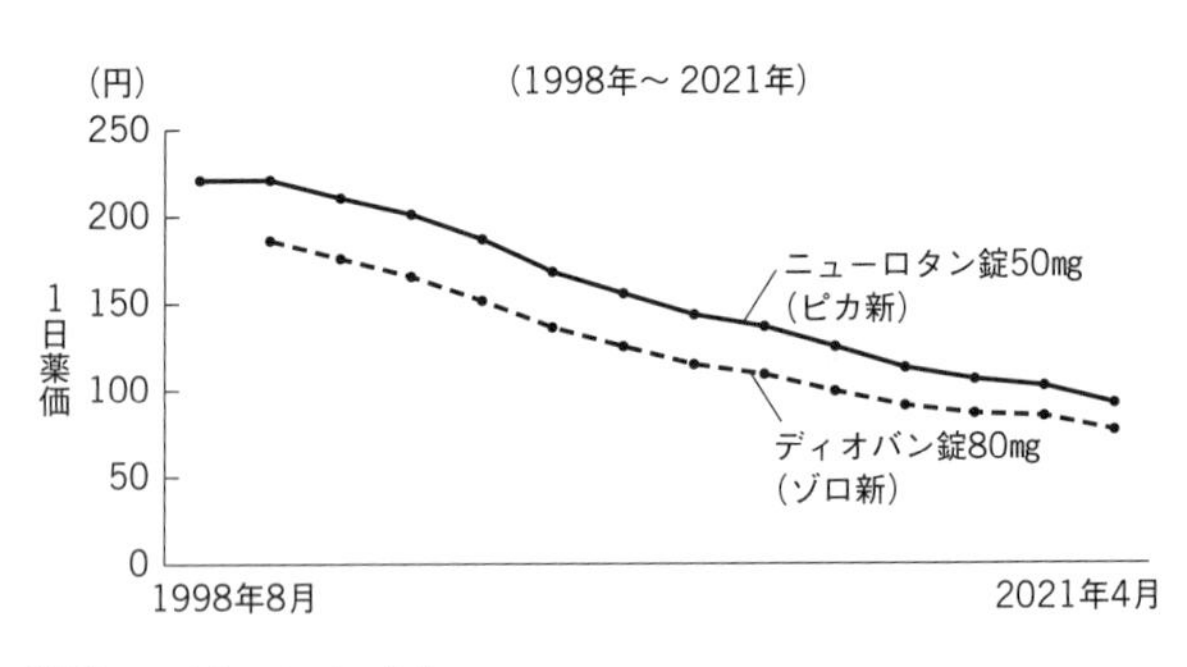

（出所）アライドメディカル作成

もらうまでには、大変な努力と費用がいる。

新薬はゾロ新であっても、成分物質の分子構造自体で特許を持っている。特許は20年以上有効だが、分子特許をとってから薬が世に出るまで10年くらいの時間がかかるので、市場で特許が有効なのは10年程度である。

しかし、その10年間は厚労省によって高い薬価が維持される。薬メーカーにとって新薬の発見、開発、製品化のコストは膨大であり、特許があるうちは十分高く販売して、元をとらなければならないからである。

特許が切れると、他のメーカーが同じ成分の薬を製造販売できるようになる。品質や性能が先発の新薬と同等であることを、比較して科学的に立証し、厚労省から製造販売の承認をもらわなければ

図表4-3　ピカ新／ゾロ新　新薬と後発薬との薬価比較（2021年4月）

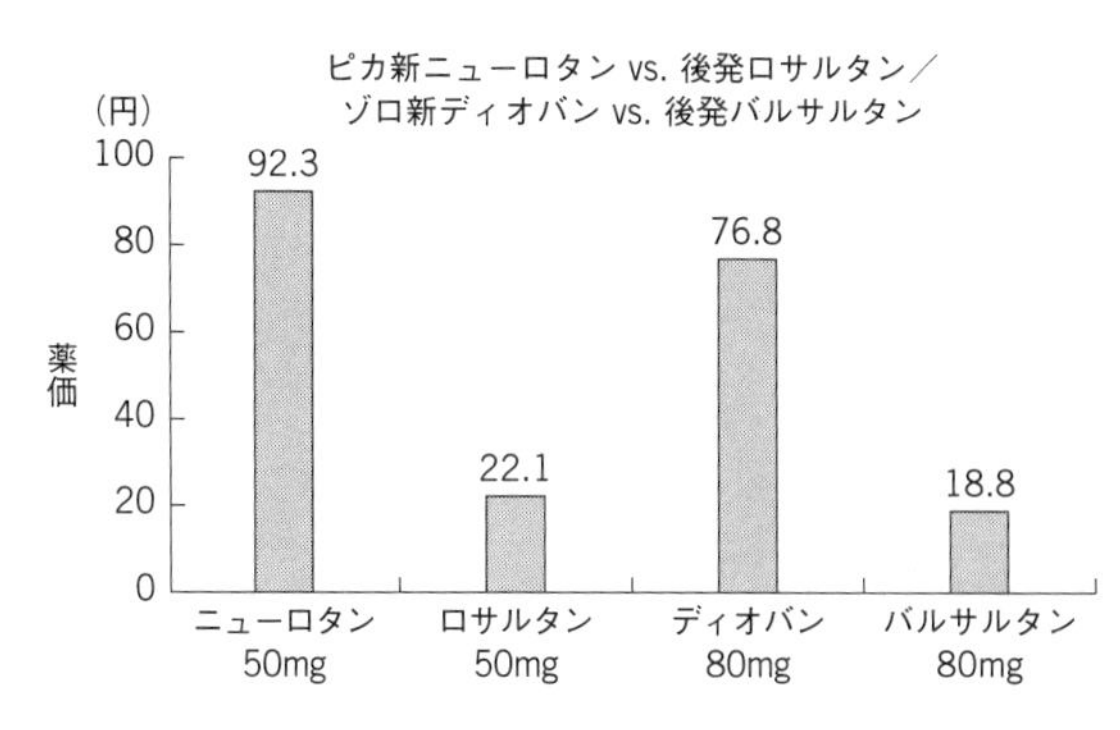

（出所）アライドメディカル作成

ばならない。効き目のある分子を探索する苦労はないので、研究開発費は大幅に安くて済む。だから値段も安くなる。このような薬剤は「後発医薬品」であり、「ジェネリック」、俗に「ゾロ」と呼ぶことを思い出していただきたい。

価格の推移を見てみよう（図表４－２）。同じ薬でも20㎎とか50㎎とか、１剤の成分量はいろいろあるし、成分によって１日に80㎎を飲むものや50㎎を飲むものがあり、価格の比較がややこしい。このため、それぞれの薬の標準的な分量を患者が飲む場合の、１日分の薬の価格を見る。これを１日薬価と呼ぶ。

ＡＲＢのピカ新として、「ニューロタン」の製品名が最初に世に出たのが１９９８年で、１日薬価は２２０・９円であった。ＡＲＢのゾロ新でべストセラーである「ディオバン」は２００３年から販売され、当初の１日薬価は１８６・１円だった。

２０２１年4月には、それぞれ92・3円、76・8円に下がっている。このときのゾロはそれぞれ22・1円、18・8円である（図表４－３）。

ピカ新でもゾロ新でもほぼ2年置きに価格が見直されて少しずつ安くなっていくが、特許が切れた年には大幅に安くなっている。

古い薬は効能が悪いか

古い薬と言っても、買ってから1年経って古くなったという意味ではない。50年前に開発された薬が、今でも現役で役に立つのかどうか、ということである。ピカ新として世に出ても50年経ったらもう使う意味がないのだろうか？

50年前にピカピカの新モデルとして発売された乗用車を、今新車で買うことはしないだろう。最近開発されたモデルのほうが燃費は良いし、安全性は高く、便利な機能が加わっているからだ。しかし、薬の場合は必ずしもそうではない。

ワーファリンという薬の例を挙げる。１９２０年代から１９３０年代にかけて、アメリカのウィスコンシン州あたりで飼育されている牛が、原因不明の出血を起こし大量に死ぬ事件が起きた。ある畜産家が猛吹雪の中を、死んだ牛と血液と飼料をトラックに積んで、300キロ離れたウィスコンシン大学に運び、調査を依頼した。大学は7年かけて原因となる物質を突き止めた。

牛が食べているクローバーに含まれるクマリンという物質が、特殊なカビによってジクマロールという物質になる。ジクマロールは血液が固まるのを強烈に阻害するので、出血が止まらずに牛は死に至る。

当初は殺鼠剤として使われた。ネズミがこれを食べると出血して死ぬ。最初に網膜が出血でやられネズミが明るい場所に現われるので、死骸を片付けやすかったらしい。しかし、1950年頃、人が自殺目的で飲んだが、死ななかったため、血管の中で血の塊（血栓）ができるのを防ぐ薬として人にも使われるようになった。

発見したウィスコンシン大学研究所の頭文字にちなんでワーファリンと命名された。当時のピカ新である。1955年にはアメリカ大統領のアイゼンハワーが心臓病にワーファリンを使ったことで有名になったらしい。

これは医療業界では有名なエピソードで、長い説明をした。重要なのは、ワーファリンは

２０１１年に別の薬が開発されるまで、唯一の血栓治療・予防薬で、優れた性能の薬として60年もの間第一線で広く使われてきた、ということである。心臓弁膜症はひどくなると機械式の弁に取り換えることもある。そうすれば普通の生活ができるが、弁で血液が固まってしまうため、ワーファリンを一生飲み続けなければならない。

２０１１年以降、血栓を防ぐ目的の新薬が数種類世に出た。ワーファリンは納豆を食べると効果が悪くなるなど、使いにくい点があるが、最近の新薬は改良されていて使い勝手は良いと言われている。今でもワーファリンは広く使われているものの、次第に新薬に移行していくと考えられている。同じような長命の薬はアスピリンなど他にもある。

ワーファリンのコストは1日10円程度なのに対し、新薬は1日４５０円くらいする。何年も飲み続けるとなると、コスト差は莫大である。アスピリンなども同様である。さらに、昔から使われている薬は、実際の患者に使ったときに何が起こるのかのデータ、知見が豊富である。50年も使われている薬は安全性が高いといえる。

このような薬は何十年も長く飲み続ける必要があり、何年もの長期にわたる服用の結果として副作用が現れることがあるが、最近開発されたばかりの新薬は、今後飲み続けた結果どのような副作用が出るのかわからず、わかってくるのは10年も先のことである。

薬の効果の測り方

太郎君は歯が痛くなった。痛み止め（A薬）を飲んで30分後に痛みがなくなった。1週間後にまた痛くなったが、A薬の手持ちがなくなっていた。買いに行くのも面倒なので2時間我慢したが、耐えられずに自転車で薬局に行き、A薬を購入してきた。飲んだところ30分後に痛みがなくなった。この経験から太郎君はA薬は歯痛に効くと判断した。

では、太郎君の判断は科学的に正しいのだろうか？　最初の歯痛は薬を飲まなくても30分くらいで消えたのかもしれない。そして二度目もA薬を飲まなくても3時間くらいで痛みは治まったかもしれない。だから、必ずしもA薬が効いたとは言えない。

太郎君はその後も、5回ほど同じ歯痛を経験し、A薬を飲むといつも30分程度で痛みが治まった。太郎君は、A薬は歯痛に効果があることを確信した。このA君の判断は最初の判断と比べると、より正確になったように思える。なぜそう思えるかというと、A薬が効かないと仮定すると、7回の歯痛のうち6回は30分で治まり、1回だけは3時間継続したことになるからだ。

これは変である。7回の歯痛ならば持続時間はもっとばらばらになるのではないか。たとえばある時は2時間で治まり、また別の時は1時間で治ったりすると思われる。実際に起こったこと、実際に経験したことが規則的過ぎるのはおかしい。

このとき、「A薬が効かない」、という仮説は間違っている、と考える。そして、「A薬は効く」という判断のほうが正しいと考える。第2章で統計学では「A薬が効かない」という仮説を帰無仮説と呼ぶと述べた。

A薬の例を考えてみると、効いているかどうかを実際の経験に基づいて確かめるために、A薬は効かない、すなわちA薬が30分で効いた出来事は偶然という仮説を立てる。そして、その仮説が正しいとするなら太郎君が実際に経験した出来事は起こりそうにない。なぜ起こりそうにないことが実際に起こったのかといえば、仮説が間違っているからである。

つまりこれは検証する前から捨てる可能性がある仮説であり、検証した結果、やはり捨てなければならないと判断したわけだ。太郎君の例では、初めからA薬は効くということを予感しており、それを実証データで証明したいという意図で、最初から「A薬が効いたのは偶然」という仮説を立てた。

帰無仮説が正しい場合に、現実に起きた事象が観測される可能性を計算する。この「もともとは差がない状況下で、現実に起きた事象が偶然に観測される可能性」が、p値である。

ｐ値が小さいことは、偶然観測される可能性が極めて小さいことを意味する。そして、そんなことはめったに起きないと判断すれば、帰無仮説が誤りで、「偶然ではなく、もともと差があったから観測された」と判断する。そして、めったに起こるはずがないという可能性の程度を確率で表現し、ｐ値と呼ぶ。

ｐ値について、改めて詳しく

ｐ値は、薬の効き方を正しく把握するには避けて通れない概念なので、詳細に説明する。もっとも興味のない方はこの項を飛ばしていただいてかまわない。それで趣旨がくみ取れないことはない。

賭け事にサイコロを使うので、サイコロに仕掛けがないか確かめたい場合を考える。正しいサイコロは1から6までの目が同じ確率で出るはずである。まず10回振ってみよう。10回振ったところ5の目が4回出た。1、3の目が1回、2と4の目が2回、5の目が4回だった。どうも怪しい。5の目が出過ぎる。もう10回振ってみると、今度は5の目は2回、さらに10回振ると5の目は1回出た。

ここまで合計30回振って、5の目は8回、比率で言えば0・267となるが、本来6分の

1の確率だから、30回振れば5の目は5回出るはずなのに8回出た。そこで、このサイコロには仕掛けがあって、5の目が出やすいように作ってあるのではないかと疑った。これは人間の自然な直感だろう。

しかし、科学的には、30回のうち5の目が8回以上出るのはおよそ0・11の確率で起こり得る。30回サイコロを振るのを何度も繰り返してみる。たとえば100回繰り返すと3000回サイコロを振ることになるが、100回のうち11回くらい5の目が8回以上出る場合がある。

この結果をもって、仕掛けのあるサイコロと言えるだろうか? そう言えなくもない。というのは、このサイコロに仕掛けがなかったとすると、0・11の可能性しかないこと、つまり、めったに起こりそうにないことが、目の前で起きたからである。

ということは、サイコロが正確であるという前提のほうが間違っていると科学的に考えることができる。

統計学では、サイコロは正しいという前提を帰無仮説、0・11をp値と言う。帰無仮説を前提に実際に起きた事象の発生確率を計算し、ほとんど起こりそうにないことが実際に起きたなら、帰無仮説が間違いだったと考える。

しかし、この実験をもって、相手はいかさま師と言い切れるだろうか？　正確なサイコロでも11％くらいの偶然で起こり得る。いかさま師だと言い切るのは9割がた正しいのだが、1割は間違いになる。相手がいかさま師（黒）か、いかさま師でない（白）かを判断するときにｐ値を使う。この「白黒」をつける境界線を有意水準と呼ぶ。

この例の場合、有意水準を0・05とすれば、相手は「白」である。なぜなら、仕掛けのないサイコロでも、11％の偶然で5が8回以上出るからである。有意水準を0・15と設定すれば相手は「黒」である。もし有意水準を0・05としてｐ値がそれより小さかったとすると、相手がいかさま師だという確信度は相当高い。「白か黒」を厳密に判定したい場合は小さな有意水準、つまり小さなｐ値を用いればよい。

この統計手法は医療に限らず広い分野で使われるが、目的によって採用する有意水準が違う。医療の場合は、前述のように0・05くらいを使うことが多い。最も厳しい物理学の世界では1000万分の1のレベルを採用することもある。

2つの降圧剤の効能の優劣を科学的に調べる場合、帰無仮説、すなわち「2つの間に違いはない」を前提として、それらの薬を服用した患者が、その後重篤な疾患を起こしたのかどうかを調査する。

薬剤ごとにそれぞれ同じ条件の患者、すなわち年齢や性別や病状が同じ患者を集めて、心臓循環器のイベント（心イベント）を起こした数を調べる。イベントとは、医療では疾患や症状、入院、死亡などの有害な事象が発生することを言う。統計的にその数の違いが偶然に起こる確率、すなわちp値を計算し、有意水準に照らし合わせることにより、2つの降圧剤の効果に違いがあるのか、違いがあるならどちらが優れているのかを判断する。

簡単に言えばこのようなことになる。実際にはもう少し複雑な統計処理を行う。

血圧が下がるかどうかは、本当のエンドポイントではない

高血圧症の血圧値、糖尿病の血糖値、脂質異常症のコレステロール値は、代理エンドポイントとかサロゲートエンドポイントと呼ぶことがあると、以前の章で説明した。

降圧剤の効果の善し悪しは、エンドポイントに至る確率を見なければ本当のところはわからない。血圧の薬を飲んで、血圧が十分に下がっているかどうかをチェックすることは、もちろん必須である。そして、十分な効果がなければ、薬の量を増やしたり別の機序の薬に変更したりするなどの対処をしなければならない。もちろん医師は定期的に患者を診察して、このような対処をしている。

しかし、薬を飲む目的は最終的に重篤な病気、エンドポイントに至るのを防ぐことである。心臓や血管の重篤な病気は高血圧だけが原因ではない。前述のように血圧を下げる作用機序は様々あり、血管や神経に対し複雑な作用をしている。薬の成分分子が体内でどのような作用をしているのか、血圧を下げる機能は各種研究されているが、それ以外の領域ではわかっていない。

極端な例だが、血圧を下げられるけれども、血管を弱くし、その結果、重篤な心臓血管病に至るかもしれない。それらの作用自体が病気の原因になっている可能性もある。だから、薬の効果を比較するときにはエンドポイントを見なければならない。

治験とは

サプリメントや健康食品的な商品を含む、広い範囲で薬をとらえると、効果が不明なものも多い。しかし、健康保険などの公的医療保険で支払うことのできる薬剤、保険薬に絞れば、すべて効果がある。実際、効果があることが臨床試験で証明されない限り、法律上も保険薬と認定されず、健康保険から費用を支払うことはできないからだ。臨床試験は治験とも呼ばれ、国で定められた厳格な手順で実施され、統計解析を経て、効果や副作用が判定される。

薬メーカーが新薬として有望な化学物質を見つけると、初期の段階では動物を使って毒性がないかどうかをチェックする。次に人間を対象として治験を行う。

薬の候補なのに毒性をチェックするのは不思議に思うかもしれないが、そもそも人体に作用を及ぼす化学物質は、同時に毒性があることも多い。

心臓手術などの後、血液が固まらないようにするために広く使われる薬と同じ成分が、殺鼠剤としても使われている。また、血圧を下げる薬として広く使われているＣＣＢという機序の薬は、血管の筋肉細胞に存在するL型カルシウムチャンネルを塞ぐことで、細胞内へのカルシウムイオンの流入を止め、筋肉を弛緩させて血圧を下げる。ブラックマンバという蛇が持つカルシセプチンという猛毒は、これと同じ作用で獲物や人を殺す。

その物質には毒性がない、あるいは適切な濃度で安全ということがわかると、次に、目的の効果があるかどうかを、人間を対象とした実験で確かめる。これが治験と呼ばれるプロセスで、最初の段階では毒性の有無や体内における分解や排出の状態を調べる。

最後の段階では、薬剤の効果を厳密に調べる。この薬の対象となる病気を持っている人を集め、年齢や性別などが似た数十人のグループを２つ作り、片方は開発中の薬を投与し、もう1つは薬成分を含まないダミー薬を投与する。

このダミーを「偽薬」とか「プラシーボ」と呼ぶ。見た目にも区別がつかないものにする。実験台として薬を飲む人は、本物か偽薬なのか知らされずに服用する。医師など、薬を投与する側も本物か偽薬かを知らない。このような条件で数カ月の実験を行い、結果を集計する。

降圧剤であれば、ダミー薬と比較して血圧が下がっているかどうかチェックする。また、腎臓や肝臓などに悪い影響がないか、その他の副作用がないかをチェックする。

治験は薬を作った会社が行うが、その方法と結果の詳細を厚労省に提示して確認してもらう。方法が不適切と厚労省が判断すれば、方法を変えることもあるし、薬が承認されない場合もある。

このように、新しい薬を保険薬として世に出すときには、厚労省が関与して厳格な手順を経て承認する、そして健康保険での給付を認め、薬価を設定する。このプロセスにより、効かない薬や副作用のある薬が保険薬として出回ることを防いでいることになる。

生活習慣病薬の治験では、エンドポイントを確認していない

しかし、薬剤の効果というのは、本当はエンドポイントを見なければわからない。つまり、血圧を下げる薬は、血圧を下げるのが当面の目的だが、最終目的は心臓や血管の重篤な病気、たとえば心筋梗塞や心不全を防ぐことである。血圧は下がっても、心臓血管の病気が減らないということもあり得る。副作用も同様だ。腎臓や肝臓に対する副作用は、血液や尿の検査結果ではなく、エンドポイントである腎臓病や肝臓病の発生具合を見るべきである。

では薬剤承認のための治験で、エンドポイントをチェックしているのだろうか？　実はチェックできていない。診断を受けてから薬を飲みエンドポイントに至るまでの平均期間は、9578人の患者データを見ると、高血圧症が4・9年、糖尿病が4・7年、脂質異常症が4・9年である。副作用も同様である。5年後の結末までは臨床試験で追跡していないのである。

高血圧症、高血糖、脂質異常症（高コレステロール）の生活習慣病の薬は、エンドポイントの観察に何年も時間がかかる。薬剤を新規に販売する前に実施する治験でチェックするのは無理なのである。

第　5　章

高い薬と安い薬で、
効き目は異なるのか

エンドポイントを比較する

２０２０年の時点で一般に広く使われている機序の生活習慣薬の中で、値段の高いものと低いものを比較してみよう。高血圧症治療薬では「ＡＲＢ」と「ＣＣＢ」、糖尿病治療薬では「ビグアナイド」と「ＤＰＰ4阻害薬」、脂質異常症治療薬では「ストロングスタチン」と「レギュラースタチン」を比べる。

図表5－1は２０２０年時点でそれぞれの機序の薬を服用している患者の比率である。いずれの機序の薬も広く使われているものである。

２０２１年の薬価を使って、実際に使われた薬の処方量も含めた1日平均価格を機序別に見ると、ＡＲＢが64・4円、ＣＣＢが26・4円、ＳＧＬＴ2阻害薬が２０４・7円、ビグアナイドが32・3円、ＤＰＰ4阻害薬が１３７・１円である。

ジェネリック薬が存在する薬はすべてジェネリック薬の価格で計算している。高井君と安田君は説明用の事例であるが、実際に診療を受けている多くの患者の平均的な薬を見ても、機序によって高血圧症薬で2倍、糖尿病薬で3倍、脂質異常症薬で2倍もの価格差がある。はたしてその価格に対応する効き目があるのかどうか。

図表5-1 高血圧症・糖尿病・脂質異常症薬の使用比率（2020年）

高血圧症薬服用患者14506人の服用機序内訳（重複あり）

機序	商品名例	患者数（重複あり）	比率（%）
CCB（カルシウム拮抗薬）	アムロジン、ノルバスク、コニール	8477	58.4
ARB（アンジオテンシンⅡ受容体拮抗薬）	ディオバン、プロプレス、オルメテック	5655	39.0
αβ遮断薬	アーチスト、カルデナリン、メインテート	2961	20.4
ARBとCCBの合剤	レザルタス配合錠、アイミクス配合錠	2885	19.9
利尿剤	ラシックス、フルイトラン	1789	12.3
アンジオテンシン変換酵素阻害薬	レニベース、タナトリル	644	4.4
ARBと利尿剤の合剤	プレミネント配合錠	467	3.2
選択的ミネラルコルチコイド受容体ブロッカー	ミネブロ	274	1.9
その他	ラジレス、ワイテンス等	89	0.6

糖尿病薬服用患者4723人の服用機序内訳（重複あり）

機序	商品名例	患者数（重複あり）	比率（%）
DPP4阻害薬	ジャヌビア、エクア、グラクティブ	2453	51.9
ビグアナイド薬	メトグルコ	1627	34.4
SGLT2阻害薬	ルセフィ、ジャディアンス、スーグラ、フォシーガ	1156	24.5

機序	商品名例	患者数（重複あり）	比率（%）
スルホニル尿素（SU）薬	アマリール、グリメピリド、オイグルコン	907	19.2
ビグアナイド薬とDPP4阻害薬の合剤	エクメット配合錠	603	12.8
α-GI（αグリコシダーゼ阻害薬）	ベイスン、ボグリボース	536	11.3
インスリン製剤	ランタス、ノボラピッド	444	9.4
DPP4阻害薬とSGLT2阻害薬の合剤	スージャヌ配合錠、カナリア配合錠	265	5.6
チアゾリジン薬	アクトス	236	5.0
速効性インスリン分泌促進薬	グルファスト、ファスティック	154	3.3
GLP1受容体作動薬	ビクトーザ	108	2.3
DPP4阻害薬とチアゾリジン薬の合剤	リオベル配合錠	66	1.4
速効性インスリン分泌促進薬とα-GIの合剤	グルベス配合錠	39	0.8
ビグアナイド薬とチアゾリジン薬の合剤	メタクト配合錠	26	0.6
インスリン製剤とGLP1受容体作動薬の合剤	ゾルトファイ配合注	29	0.6
スルホニル尿素（SU）薬とチアゾリジン薬の合剤	ソニアス配合錠	10	0.2

脂質異常症薬服用患者 9512人の服用機序内訳（重複あり）

機序	商品名例	患者数（重複あり）	比率（%）
ストロングスタチン	リピトール、クレストール、リバロ	6130	64.4
レギュラースタチン	メバロチン、リポバス、ローコール	1523	16.0
フィブラート系薬	リピディル、ベザトール	1190	12.5
EPA製剤	エパデール	1150	12.1
小腸コレステロールトランスポーター阻害薬	ゼチーア	540	5.7
ニコチン酸系薬	ユベラ	233	2.4
小腸コレステロールトランスポーター阻害薬とスタチンの合剤	アトーゼット配合錠、ロスーゼット配合錠	297	3.1
カルシウム拮抗剤とスタチンの合剤	アマルエット配合錠、カデュエット配合錠	103	1.1
その他の脂質異常症薬	レパーサ皮下注、シンレスタール等	77	0.8

（出所）アライドメディカル作成

これらの薬の価格は２０２１年５月時点の薬価を使って計算した。薬局が実際に患者と保険者に請求する薬剤費とは少し異なるのは、薬価から薬剤の点数を計算するにあたって、五捨五超入という独特の計算方式を使うからだ（61頁参照）。

たとえば、１錠が10・２円の錠剤を１日２錠飲むときは20・４円になるが、点数に直した結果、保険請求上は20円とする。もし1錠が17・6円の錠剤を2錠飲むなら35・2円となるが、保険請求は40円とする。

薬の種類による効果をどのように調べるか

高血圧症では主にARBとCCBが使われているが、どちらの効果が優れているのかを、電子カルテのデータを使って比較してみよう。糖尿病でも脂質異常症でも基本的に同じである。

高血圧症患者のうち、ARBを服用している患者とCCBを服用している患者をすべて集めて、それぞれのグループでエンドポイントに至る患者がどのくらいいるかを比較するのが、科学的には正当である。

しかし、実際にはそれほど単純ではない。高血圧症を見ると、起点は医師が高血圧症の診断を下して投薬治療を開始したときで、その後継続的にARBやCCBが処方され、エンドポイントは高血圧によって引き起こされる重大な病気（心イベント）である。

本分析で定義したエンドポイント、すなわち高血圧症における心イベント、糖尿病における腎臓イベント、脂質異常症における主な心イベントは48頁の図表2－1の通りである（詳細は巻末の図表C）。

　また、ＡＲＢを継続的に服用するといっても、1年のうち6カ月しか服用していないような患者は、ＡＲＢがエンドポイント発生の有無に直接関係しているとは言えないので除外する。一方、診断から30カ月後にイベントを起こしたが、イベント発生までのうち27カ月間はＡＲＢを服用していたとすると、このイベントはＡＲＢと関係があると考えてよいだろう。

　イベントを起こした患者は、診断され服用を開始してからイベント発生まで、イベントを起こさなかった患者では、服用開始から最後の診察までの期間のうち75％で1つの機序の薬剤を服用し、その他の機序の薬を服用していたとしても、その他の機序の薬を含め、同期間20％未満しか服用をしていない患者を選択し解析対象とした。

　20％程度は他の機序の薬を服用していても、その機序がエンドポイントに主にかかわるとは考えにくいからである。

　また、患者の中には一度イベントが発生し、回復後に同じ病院で受診している人が存在する。回復したとしても、いったん発症した後のイベント発生は増えるだろうから、一度イベントを起こした患者については、その時点以降の情報を統計対象から除外している。

　ＡＲＢだけ全期間服用し、ＣＣＢは一切服用しない患者をサンプルとすれば、より純粋なデータになる。薬品開発における治験のテストでは、このような純粋なデータを集める。

しかし、実際の診療では、1つの薬だけ何年も服用する患者は少ない。多くの患者は複数の機序の薬を服用したり、新しい薬に替えたりする。日々の診療の記録であるカルテデータを解析するときには、1つの機序だけ服用する患者に絞ってしまうと、サンプルが少なくなり過ぎて統計解析ができない。

この点だけ見ると、解析の純粋性は治験よりも劣るように思われる。一方で治験の期間はせいぜい数カ月に限られる。生活習慣病では、治療開始からイベント発生までの時間は平均5年程度で、薬の効果をエンドポイントまで見届けて判断するという点では、カルテデータのほうが治験に勝る。両者は目的が異なる解析であり、補完的だと言える。

ARB服用患者とCCB服用患者をそれぞれ選んだとしても、単純にそれぞれのグループにおけるエンドポイントの頻度を比較するだけでは不十分だ。

たとえば、ARBを服用する患者が、治療開始時点で血圧が180㎜Hgであったとする。この患者と同じ年齢、性別で既往症も同じだが、血圧が150㎜Hgの患者がCCBを服用したとする。このような場合は、2人の患者のエンドポイントの発生を比べ薬の効果を判断することはできない。

最初の血圧、すなわち病気の重症度が高ければ当然イベント発生率も高くなるからだ。薬の効果を比較するには、同じ重症度の患者同士で比較する必要がある。

年齢も問題である。いずれの病気も高齢者のほうがイベントを発生しやすい。薬の機序によってイベント発生率は異なるものの、年齢によるイベント発生率の差が大きい場合も多い。つまり、効果の劣る薬を服用する若者よりも、効果が優れた薬を飲んでいる高齢者のほうが、イベント発生は多くなる。

統計的には、高血圧症では10歳年齢が高いとイベント発生リスクは1・4倍（p値＝0・002）、糖尿病では1・3倍程度（p値＝0・16）、脂質異常症では1・55倍程度（p値＝0・13）になる。

ただし糖尿病と脂質異常症はいずれもp値が0・05より大きいので、有意とは言えない。

同じ属性を持つ患者同士で比較する

高血圧症の治療開始時点で、過去に心臓血管系の病気の経験（既往症）がある場合も、ARB、CCBにかかわらず心イベントの発生率は高くなる。同様に、高血圧症と糖尿病の併病がある者は、高血圧症だけの患者よりも心臓血管イベントの発生は多い。

このように、いろいろな要素がエンドポイントの発生に関与するので、純粋にARBと

ＣＣＢの違いによるエンドポイントの違いを比較するには、投薬開始時点で心臓血管系の既往症がない患者2つのグループをつくり、それぞれにおいて患者のもつ属性、つまり年齢・性別・重症度・既往症の有無・ほかの生活習慣病との併病の有無、という7つの属性を同じようにそろえて比較したほうがよい。その際には、以下のようにかなり面倒な処理を行うことになる。

- 重症度：投薬治療開始前30日から投薬開始までに測定された血圧の平均値
- 既往症：肝臓疾患の有無（1、0で表現）
- 既往症：腎臓疾患の有無（1、0で表現）
- 併病：糖尿病の有無（1、0で表現）
- 併病：脂質異常症の有無（1、0で表現）
- 性別：（1、0で表現）
- 年齢：（そのまま使用）

このやり方としては、ＡＲＢグループの中から一人の患者を選び、この患者の7属性と同じ属性を持つ患者をＣＣＢグループから探す。見つからなければこの患者は除外する。これをすべてのＡＲＢグループの患者に対して行う（なお、血圧のような数値は完全に合う患者を探そうとすると見つかりにくいので、ある程度の許容範囲は同じと見なす）。

先に説明した「マハラノビス距離」という数学的方法を使い、コンピュータで患者のマッチングを行っていくと、２つのグループの７属性がほとんど同じになる。

マッチングによりサンプル数は数分の１に減少するが、グループ間で患者の属性が同じになるので、純粋に薬の効果を比較できるようになる。

糖尿病薬の比較も脂質異常症薬の比較も同じ方法で行う。重症度については、糖尿病はＨｂＡ1cの値、脂質異常症ではＬＤＬコレステロールの値を採用している。

分析対象期間は２０１２年以降、２０２１年までに絞った。これはＤＰＰ４阻害薬のような、現在は広く使われているが歴史の浅い薬が、２０１１年以前はほとんど使われていなかったためである。

最後に、生存時間分析の統計手法を使い、薬の機序による違いを電子カルテのデータで解析した。なお、カルテで追跡可能な期間は最短１日から最長25年までと患者によって大きく異なっているが、本書の統計では、最低１カ月以上は追跡可能な患者を対象とした。

図表5-2　生活習慣病薬で代表的な機序の効果を比較する(生存時間分析)

5年以内にエンドポイントに至らなかった高血圧症患者の割合
(機序ARB ／ CCB比較　2グループ各600人ずつ)

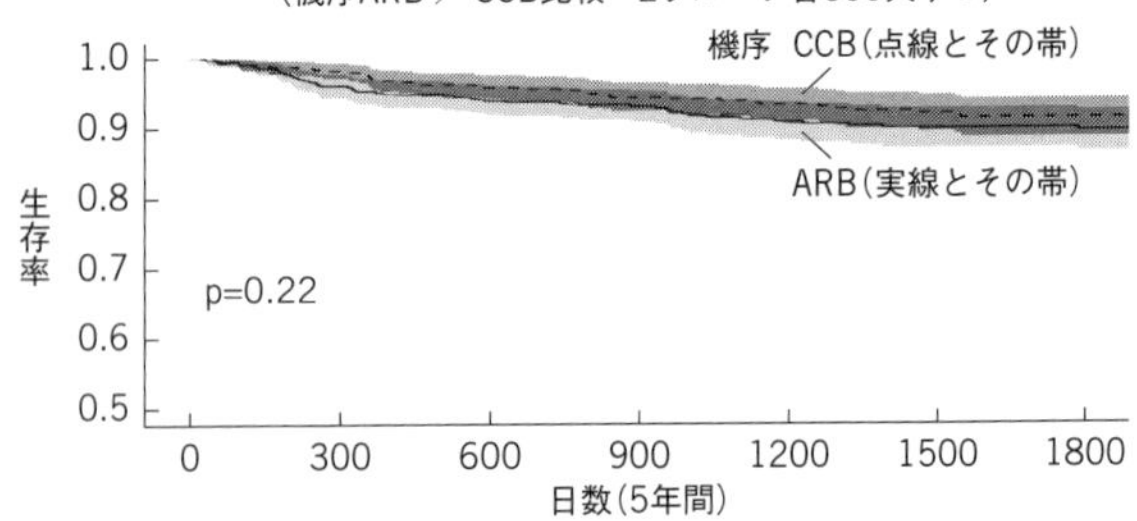

5年以内にエンドポイントに至らなかった2型糖尿病患者の割合
(機序ビグアナイド／ DPP4阻害薬比較　2グループ各55人ずつ)

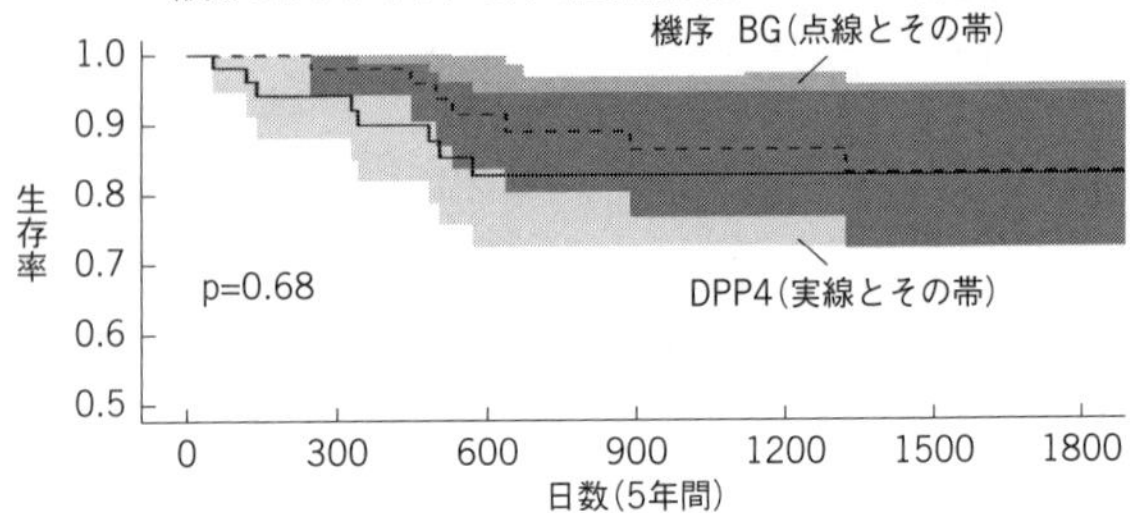

5年以内にエンドポイントに至らなかった脂質異常症患者の割合
(機序SHMG ／ RHMG比較　2グループ各129人ずつ)

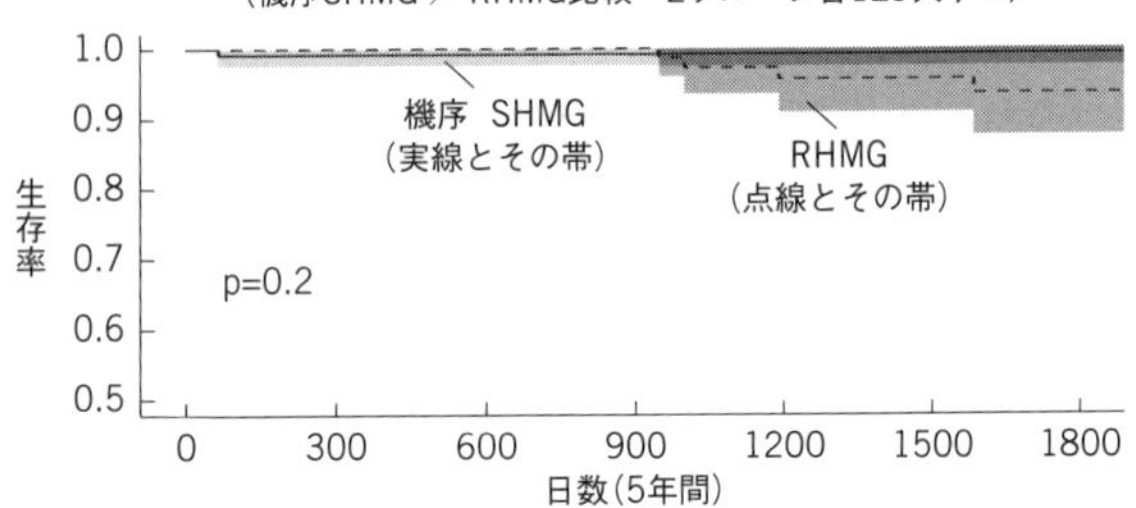

(注) BGはビグアナイド。HMGはHMG-CoA還元酵素阻害薬の略で、いわゆるスタチン系薬。RHMGはレギュラースタチン　SHMGはストロングスタチンを示す。
(出所) アライドメディカル作成

ただし長くなればなるほど患者数は減っていく。このため本書で示す生存時間曲線は、投薬開始から約5年（1800日）の範囲のみ表示している。

この結果、図表5－2の通り、まず、高血圧についてはARBとCCBを比較すると、p値＝0・22となり、薬の効き目に有意な違いはなかった。

糖尿病はビグアナイドとDPP4阻害薬の比較で、p値＝0・68。これも違いはない。

脂質異常症の場合も、値段の高いストロングスタチンと安いレギュラースタチンの間に有意な効き目の違いがないことがわかった。

どちらの薬を使っても診療結果は同じ

これらの解析から何が言えるだろうか。

もし、高井君が、安田君に処方されている安い薬を服用したとしても、何年か後に重篤な病気になる可能性は変わらない。言い換えれば、どちらの薬を服用したとしても、治療の結果は同じである。

高井君が安田君と同じ薬を飲めば、それだけで高井君の1日あたり医療費は413円から253円に下がる。年間15万7445円から9万2345円となり、高井君が支払っている負担額も、年間4万5224円から2万7704円と約4割も安くなる（なお、高井君のSGLT阻害薬は新しい薬のため本書に統計を示していないが、問題の構造は変わらない）。高井君、安田君の医療費計算は、それぞれ30日に1回、90日に1回の受診で計算している。なお、患者負担金は支払い時10円単位に四捨五入するが、1年を365日で計算するため、1円の端数が生じる。

高井君と安田君の話は、話をわかりやすくするために例示している。

統計結果というのは、多くの患者をおしなべて見たときの認識材料であり、個別の患者を診察するときに無条件に適用されるべきものではない。医師は個々の患者の体質、薬の副作用の可能性、患者の生活態度や性質なども観察したうえで、薬を選択している。

だから、もしあなたが高井君だとして、安田君の薬に変更したほうがよいとは単純には言えない。しかし、100人の糖尿病患者を集めたとき、その中の90人が高井君と同じ価格の高い薬を飲んでいるというのは、おかしいのである。

サロゲートエンドポイントで見る

高血圧症患者が降圧剤を飲む理由は、最終的に重篤な病気、たとえば心筋梗塞や心不全などのエンドポイント発生を防ぐためである。そのような重篤な病気は、長い間、高血圧の状態にあると起こりやすいことが経験的にわかっている。だから、誰もが血圧を下げる努力をする。

同じように、長期にわたって血糖値が高いと、腎不全のような重篤な病気になることがわかっているので、日々の血糖値を低く保つために薬を飲む。コレステロール値も同様である。

最終の到達点ではないが、その途中経過として高血圧や高血糖や脂質異常がある。薬の種類によって途中経過が異なるかどうかも見ておきたい。

以前の章でも述べたが、血圧・血糖値・コレステロール値などの検査数値の途中経過を、代理エンドポイントまたはサロゲートエンドポイントという。本当はエンドポイントを見たいのだが、時間もかかるため、代理の指標として血圧・血糖値・コレステロール値を使う。

図表５－３は、それぞれの病気治療の代表的な薬を服用した患者が、薬の服用開始から血圧・血糖・コレステロールの値が１年間でどのように変化したかを、それぞれ２万２１８７人、７０４９人、１万１７４６人の患者を対象に調べたものである。

いずれも服用開始して１～２カ月で平常値になっている。たとえば、ある薬は服用しても

図表5-3　投薬開始後1年間の検査値推移（機序別比較）

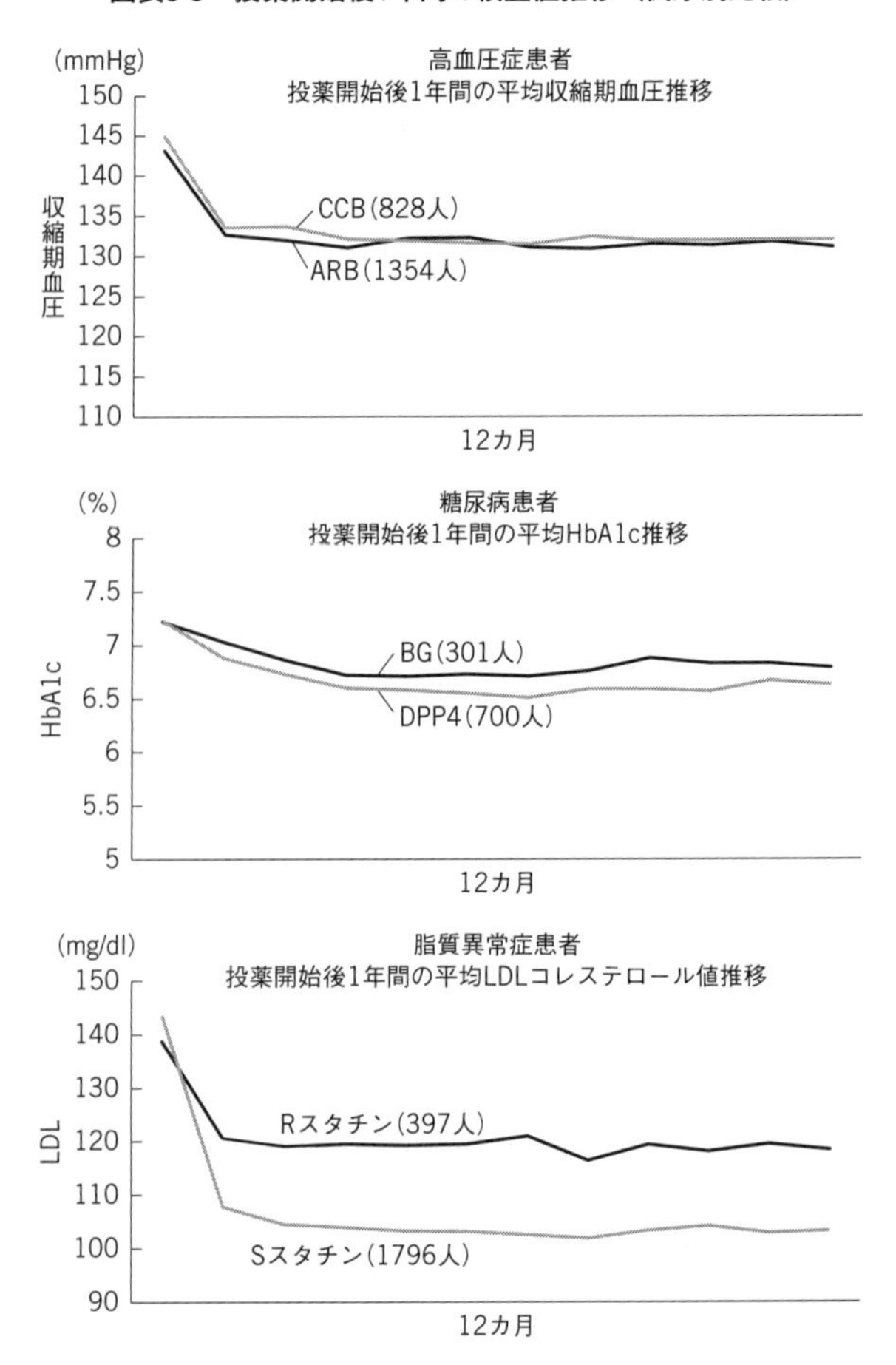

（注）いずれも2012年以降に投薬を開始した患者が対象
（出所）アライドメディカル作成

血糖値が下がらないということはなく、どの薬であっても同じようなサロゲートエンドポイントになっているようだ。

この検査結果の変化が、薬の種類によって違うのかどうかを統計的に見たものが、図表5―4である。機序Aの薬を飲み始めた人が、服用開始から3カ月の間にどのような検査値になったのか、機序Bを飲んだ患者と同じデータで比較した。性別・年齢・投薬開始時の検査値が同等の患者を比較すると、高血圧症と糖尿病の場合は、いずれの機序においても、3カ月後の検査結果では統計的に有意な違いはなかった。

つまり、サロゲートエンドポイントで見ると、どの機序の薬にも違いはない。高血圧症の場合、高い薬は安い薬の2~3倍の値段だが、3カ月後の血圧の下がり方に違いはない。糖尿病では4倍の値段差があるが、3カ月経てば同じように血糖値が下がる。

ただし、表にはないが、興味深いのはSGLT2阻害薬という非常に高価な新薬は、3カ月経てば他の薬と同じだが、最初の1カ月間における下がり方は他の薬より大きい。この薬はすぐに効果が現れるので、効き目がよく見えるのかもしれない。

脂質異常症では、ストロングスタチンはレギュラースタチンより3カ月後のLDLコレステロール値の下がり方が大きい。

図表5-4　検査値の改善効果は機序が違ってもほぼ変わらない
――性別・年齢・投薬時の検査値を揃え3カ月後に比較

高血圧症　ARBとCCBに差はない

	男（人）	女（人）	年齢（歳）	投薬時SysBP (mmHg)	3カ月後SysBP (mmHg)
ARB	277	363	66.4	148.2	132.8
CCB	277	363	66.3	148.3	132.4
統計的な2機序の差			有意差なし	有意差なし	有意差なし

（注）SysBPは収縮期血圧。

糖尿病　BGとDPP4阻害薬に差はない

	男	女	年齢	投薬時HbA1c (%)	3カ月後HbA1c (%)
BG	77	26	63.2	7.09	6.80
DPP4阻害薬	77	26	63.2	7.09	6.63
統計的な2機序の差			有意差なし	有意差なし	有意差なし

脂質異常症　3カ月後はSスタチンのほうがよく下がる

	男	女	年齢	投薬時HbA1c (%)	3カ月後HbA1c (%)
Rスタチン	62	72	65.2	144.3	118.1
Sスタチン	62	72	65.2	144.5	107.3
統計的な2機序の差			有意差無し	有意差なし	有意差あり

（注）差の検定は等分散性を仮定しないWelch検定による。
（出所）アライドメディカル作成

高い薬には副作用があることも

もっとも、エンドポイントを見て効果が大きいといっても、副作用があるならば別問題である。エンドポイントは重篤な病気なので、小さな副作用なら受容したほうがよいとも言えるだろう。

しかし、たとえば心臓や循環器の病気を防ぐ降圧剤が、効果は大きくても、長い年月飲み続けると腎臓を悪くするとしたらどうだろうか。腎臓も重要な臓器であり、年齢が高くなると機能低下を起こしやすい。また、今は悪くなくても体質として悪くなりやすい人がいるかもしれない。あるいは、生活態度が悪いために腎臓に日々ダメージを与えている人もいる。

このような場合、いくら血圧を下げるのに効果が高い薬であっても、腎臓への副作用がある程度予見されるならば、血圧への効果が少なくても腎臓への悪影響のない薬を選択するという判断もあり得る。

本章の前半では、エンドポイントに対する薬の直接的な効果を統計的に見てきたが、ここでは、高血圧症の薬である降圧剤なら肝臓と腎臓へのリスクがどの程度あるのかを見てみる。この場合の副作用としては、肝臓と腎臓の病気が副次的なエンドポイントとして考えられるから、異なる機序の降圧剤を別々の患者が服用した場合、副次的エンドポイントの発生度合いがどれほど違うのか統計的に調べた。

統計方法は、高血圧症の直接のエンドポイトである心臓や循環器の病気の発生度合いを調べる時と同じ生存時間分析で、サンプル患者の選び方も同じだ。同様に、糖尿病薬のエンドポイントは腎臓病だが、副作用の可能性として心臓循環器や肝臓への影響をチェックする。脂質異常症薬は心臓や循環器の病気がエンドポイントだが、やはり肝臓と腎臓への影響を調べる。

そうすると、3つの生活習慣病で使う2つの機序の間で、副次的エンドポイントに至らなかった患者の割合がどれほど違うのかを比較したとき、いずれも統計的に有意な違いはなかった。

降圧剤はARBとCCBの比較で、生存時間曲線における腎臓疾患のp値が0・58、肝臓疾患のp値が0・40、糖尿病はビグアナイドとDPP4阻害薬の比較で、心臓循環器系疾患のp値が0・96、肝臓疾患のp値が0・63、脂質異常症はストロングスタチンとレギュラースタチンの比較で、腎臓疾患のp値が0・33、肝臓疾患のp値が0・30であった。（詳細は巻末の図表D）。

すなわち、副作用に関しても、比較した薬剤の間に違いがあるとは言えない、という結果になったのである。

第　6　章

医師はどのようにして薬を選んでいるのか

医師は薬の効果を知っているのか

読者の皆さんは、頭が痛いときに頭痛薬を飲んで痛みが消えたり、咳止めを飲んで咳が止まったりした経験があるかもしれない。何度か経験し、よく効く薬とそうでない薬を区別できるようになった人もいるだろう。確かに効き目がはっきりと自覚できる薬は存在する。

しかし、高血圧症と医師に診断され、降圧剤を処方してもらったときはどうだろうか？　降圧剤によって血圧の数値は下がるかもしれないが、頭痛や咳ほどはっきり自覚できない。

毎日決まった時刻に安静にして血圧を測れば、降圧剤が効いていることはわかる。しかし、複数種類の薬のうちどれが良いかまではわからないだろう。高血糖や脂質異常症においても、患者の自覚症状はないし、また、薬を取り換えて自ら血液検査して比較をするのはむずかしい。だから、生活習慣病の薬というのは、頭痛薬のように患者自身では比較できない。

では、医師の側は薬の種類による違いをわかっているだろうか？　医師はそれぞれの患者に対し、最も効果があるだろう薬を選んで処方している。そして、その後定期的に血圧、血糖、コレステロールなどの検査結果を見て、薬が効いているのかどうかを確かめると同時に、血液検査などで腎臓、肝臓などへの副作用が出ていないかをチェックする。

図表５－３に見たように、主要な機序の降圧剤２種類を処方したときの血圧の下がり方を見ると、どちらも同じように下がっている。糖尿病薬でも血糖値は同じように下がり、脂質異常症薬ではコレステロール値の下がる程度は異なるが、やはり下がっている。

一般に使われている薬は、血圧や血糖や脂質に関してはほぼ同じように下がると考えてよい。これらは、医師が定期的にそれぞれの患者への効果を測定し、下がらない場合は薬の量を変えたり、機序の違う薬に変更したりするためである。しかし、医師が知り得るのはそこまでである。薬の善し悪しは、本当はエンドポイントに対する効果を見なければならないが、これについては医師もわからない。

医師は経験的に薬の効果をどこまで認識できるか

血圧を下げることの最終目的である心イベントの防止、すなわちエンドポイントに対する薬の効用を判断しようとすると、数段難しくなる。

血圧が高い状態が長く続くと、心筋梗塞や心不全などの重篤な病気が起こりやすくなる。実際の診療記録から統計をとると、図表６－１のようになる。血圧が10㎜Hg高いと心イベン

図表6-1　高血圧症投薬患者の心血管イベントリスク

年齢10歳プラス	1.37倍
SysBP（収縮期血圧）10mmHgプラス	1.03倍

（出所）アライドメディカル作成

ト発生の危険性は1、2割多くなる。120㎜Hgの平常血圧の人と比べると、150㎜Hgの高血圧の人は、平均的に心血管の病気は5割多くなる。そして医師が高血圧症の診断を下してから心イベントを起こすまでの平均期間は4・9年で、期間が短いほうから4分の1が平均0・9年、長いほうから4分の1が平均7・3年である。

これは61万人の患者を対象とした大規模な統計の結果からわかったことである。

1人の医師から見るとどうだろうか？　内科の病院は平均的に月に1078人の患者を診察し、その中で高血圧症患者が255人おり、その人たちの数%が診断から4・9年後に心イベントを起こす。しかもイベント発生までの期間は非常に幅が広く、両極端の患者1割を除いても1年から9年の間に分布する。高血圧症でない人でも0・6%は平均5・3年で心イベントを起こす。

すなわち、それぞれの医師にとっては、降圧剤により血圧が下がっていることは認識できるが、数年後に起こる心イベントに有効なのかについては長い経験があったとしても、治療の中では認識できないと考えるのが妥当である。

血圧と心イベントとの関係は昔から世界中で研究されており、高血圧症によって心イベント発生が多くなることはわかっている。医師は、自分の日々の診療経験から、心イベントの頻度はわからないとしても、血圧を下げようとする。血圧を正常に保てば心イベントのリスクを下げられることがわかっているからである。これは、もっともな行動である。

高血圧症患者が心臓病などのエンドポイントに至る平均時間は59カ月程度なので、医師が自ら2つの薬剤を比較しようとすると、それらの薬を処方した多くの患者を長期間にわたり比較する必要がある。

平均的な内科病院の医師は1年に430人の高血圧症患者を診察している。その中には高血圧症以外の病気があったり、2、3回だけ来院して、その後二度と来なくなったりする患者もいるため、実質的に比較可能な患者は、そのうちの2割、80人程度になる。この80人に2種の薬を処方すると、1種類が40人となる。これらの患者に同種の薬剤を処方し、少なくとも5年は経過を見なければならない。

高血圧症患者が5年間でエンドポイントに至る確率は数%だから、1人の医師の担当患者で見ると、1種類の薬あたり2、3人しか心イベントを起こさない。統計的に複数の種類の薬の優劣を判断するにはサンプル数が足りない。意味ある統計解析を行うには、少なくとも薬1種類あたり1000人ほどの患者が必要になる。したがって、1人の医師は自身で薬の優劣を客観的に判断することはできないのである。

では、患者はどうだろうか。毎日同じ時刻に同じように安静状態にして自ら血圧を測っていれば、降圧剤が効いているかどうかはわかる。しかし、血糖や脂質は血液を検査する必要があるので、なかなかわからない。まして、エンドポイントへの効果が薬の種類によって違うかどうかはわかるはずもない。

1種類の薬について1000人の有効な患者サンプルを集めるには、約30軒の病院のカルテを5年以上にわたって集めなければならない。そのためにはデータ収集手数料を支払う必要がある。1病院、1医師に年間100万円支払い7年分のデータを集めると、約2億円の費用がかかる。どの病院でも1医師が診療する患者数は同じくらいなので、データ収集のコストも同様である。これでようやく2種類の薬剤のエンドポイントに対する優劣が客観的にわかる。

医師は製薬メーカーの影響を受けやすい

エンドポイントに対する効果が高い薬を選ぶことが合理的なのだが、医師は自分自身でエンドポイントまで判断できない。そのため製薬会社が作成した説明資料や医療学会の論文、製薬会社の営業担当者の説明、医師会などの集まりにおける仲間医師からの口コミ情報などをもとに、薬を選択する。薬を使い始めた後は、投与後の検査結果や副作用の有無を自分の目で確かめながら、薬の善し悪しを判断する。

降圧剤なのに血圧が下がらなかったり、明らかに副作用があるような場合は医師が判断できるので、服用量を減らしたり薬を変更し調整する。

しかし、どの薬剤でも一時の目標は達成するし、医師が大きな副作用を見聞するケースは少ない。結局、ほとんどの場合、製薬会社の説明資料や論文、口コミによって薬の選択が行われる。

新しい薬が開発される際には、薬を患者に投与して、検査結果などのデータをたくさん収集し、統計的に善し悪しが評価される。調査や統計には膨大な手間と費用が発生するが、製薬会社が負担する場合が大半である。メーカーとしては当然、薬の利点をアピールして、もっと薬を使ってもらいたいので研究費を出す。

仮に悪い研究結果が出たとしても、製薬会社はあえて公表する義務はない。研究者の側も薬の利点ばかり公表するようになる。そして多くの医師は研究論文から情報を得て、薬を選択する。その結果、医師は新しくて、価格の高い薬を使うことが多くなるのである。

研究費の3割は薬メーカーから

日本の医学研究費は公的資金と民間資金で半々である。民間資金のうち、かなりの部分は企業の受託、共同研究や奨学寄附金であり、医学研究が企業に依存する傾向は、アメリカよりもはるかに大きいと言われている。

実際、2018年から2019年における内科系と糖尿病2学会の、のべ16カ月の研究論文を調べると、356論文中のうち176本、49%が医薬品メーカーからの資金援助を受けている研究室や医師によるものである。

この2つの学会は生活習慣病を含む内科系と糖尿病それぞれで最大規模の学会で、14万人のメンバーをもち、医師への影響力は非常に大きい。

経営者は自社の利益を最大化させる使命を負っている。自由市場経済下の企業であれば、どの国も同じである。経営者が、どれほど誠実に熱心に経営をしていたとしても、利益が減ってしまえば使える資金は足りなくなる。従業員のボーナスを減らせば社員は去る。営業を増やし販売を強化したいのに人は増えず、開発にも十分な手間や費用をかけられなくなる。

競争企業より新製品投入が遅れ、製造設備を更新できず、旧式の非効率な設備を使い続けるなど、いろいろ悪いことが起こる。やがて応援してくれた株主も離れて、株価が下がって誰かに買収されるか、最悪の場合消滅することになる。

自動車メーカーと製薬メーカーの経営を比較

図表6－2は、製薬メーカーP社と自動車メーカーA社の原価計算書の比較である。両社とも世界最大手のメーカーとしよう。あなたがこの会社の経営者になったとして考えてほしい。

2社の売上に占める販売原価比率は大きく違う。A社が300万円の乗用車1台を販売したとすると、利益はいくら増えるだろうか？

営業利益率は8％だから300万円の8％、すなわち利益は24万円が増えると思えるが、

図表6-2　製薬P社と自動車A社の原価計算書比較

	製薬P社		自動車A社	
	2019/1～2019/12		2018/4～2019/3	
	(兆円)	売上比(%)	(兆円)	売上比(%)
売上高	5.2	100	28.1	100
(固定費) 販売管理費	1.4	27	2.6	9
(固定費) 研究開発費	0.9	17	1.0	4
(固定費) のれん代償却	0.5	10	0.0	0
(変動費) 製造原価	1.0	20	22.4	80
営業利益	1.4	27	2.1	8

(出所) アライドメディカル作成

それは間違いである。実際は変動費比率80%を差し引いた残り20%の60万円増える。なぜなら、売上は300万円増えても販売管理費や研究開発費は増えないからである。販売管理費とは、経営者や事務社員の人件費や事務所の賃貸費用であり、自動車をより多く販売しても、すぐには増えないからである。

これに対し、製造原価は自動車の材料や部品の購入費用、製造にかかる電気代や人の手数にほぼ比例する工賃なので、1台多く販売すればそれだけ出費も増える。製造原価は300万円のうち240万円を占める。おおむねこんな感じだろう。

もちろん、販売台数が6割も増えるとな

図表6-3 製薬P社は自動車A社よりも変動費が小さい

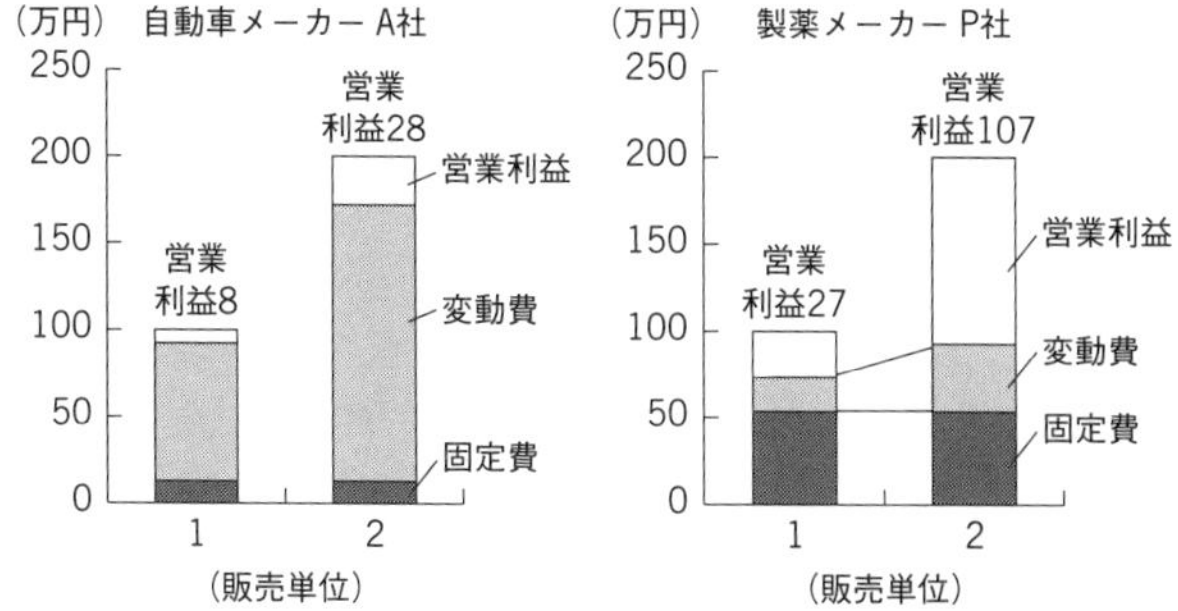

(万円) 自動車メーカー A社
250
200
150
100
50
0
営業利益8
営業利益28
営業利益
変動費
固定費
1
2
(販売単位)

(万円) 製薬メーカー P社
250
200
150
100
50
0
営業利益27
営業利益107
営業利益
変動費
固定費
1
2
(販売単位)

(出所) アライドメディカル作成

ると、一般管理部門などの事務員も増やす必要があるかもしれず、販売費用は増加する。しかし、それは何年か遅れて発生するので、今期の決算を考えると60万円の利益増加となる。

この場合の販売管理費のように、1単位多く販売しても総額が増えない費用のことを「固定費」と呼び、製造原価のように販売した数量に応じて増加する費用を「変動費」という。企業の売上は、固定費+変動費+利益に分けられる。1単位多く販売したときに増加する利益を「貢献利益」という。貢献利益=売上−変動費、である。

では、製薬メーカーP社で300万円多く販売すると、P社の利益はいくら増えるだろうか？ 240万円増える。同じ300万円の売上追加で、P社の利益増加はA社の4倍にもなる。これを模式図にしたものが、図表6－3である。仮に100の売上を2倍にしたとき、どのように利益が増えるかを、簡略化して図示している。

P社の営業部長が社長のところに相談にやって来た。

「今期、もっと利益を増やしたいので、販売費を増額して欲しい。今販売に力を入れている糖尿病の新薬がある。競合会社は多数あるが、当社の薬に切り替えてもらうために、大々的な宣伝広告キャンペーンをしたい。その費用として2億円を使わせてほしい」

P社の経営者は、2億円を使う価値があるかどうかを考えなければならない。企業での価値とは、2億円を使って、それに見合うだけの売上を上げられるかどうか、ということになる。

では、最低いくらの売上増があれば見合うのだろうか？　答えは2億5000万円である。このような考え方はキャッシュフロー計算に基づくものだが、企業の経営行動を判断するときには、決算に使う財務会計に基づいた計算ではなく、キャッシュの流れ、つまりその入りと出であるキャッシュフローの計算も行う。2億円の費用をかけてもペイするかどうか。

では、自動車メーカーA社ならどうだろうか。販売費2億円を取り戻すには、最低でも10

億円分販売を増やさなければならない。そうでなければ宣伝費用は見合わない。だから、A社はP社と比べてこのような拡販をやりにくい。

また、この2社を比較すると、P社の売上はA社の2割しかないのに、研究開発費用は同じである。売上が少し増えても利益が大きく増える経営構造は、逆に売上が減少したときのダメージも大きい。P社は売上が少し減るとすぐ利益は激減し、下手すると研究費をカバーできず赤字に転落する。P社の経営者は気が気ではない。

実際、製薬会社が新製品を開発し市場に投入する際には、市場規模に比べて多額のプロモーション費用をかける。医師への説明、接待、学会への寄付、医師への研究費補助など、先の例に限らず幅広くお金を使う。日本の2大内科系学会誌に論文を発表している医師や研究室の約半分は、製薬メーカーから研究費を受け取っているが、この研究も薬のプロモーションのためである場合が多い。

新しい薬を開発することは社会的に重要である。良い薬が開発されたために、我々は多くの苦難から救われてきたし、老後を長く楽しむことができるようになった。今後も新薬の研究開発には莫大な費用がかかり、減ることはないだろう。そのためには製薬会社は開発した新薬をできるだけ多くに人に使ってもらうことで、かかった費用を回収し、さらに次の薬の研究開発費用を賄わなければならない。

薬を1単位でも多く販売するためには、多額の拡販費用をかけることが経営上は合理的、というのが製薬業界の特徴である。これは自由市場経済における性(さが)なのである。

第　7　章

診療の頻度で
治療結果は変わるのか

診療頻度と処方日数はほぼ同じもの

診療頻度とは、どの程度の間隔で病院に行くかということである。

生活習慣病の患者の場合、たとえば医師から1カ月分の薬剤を処方してもらえば、つまり、1カ月分の薬を購入できる処方箋を受け取った場合は、1カ月後の薬がなくなる頃に病院に行くことになる。

1カ月の処方箋を受け取った患者が2カ月後に病院に行くことは、普通はない。間違えて1カ月分の薬を半月で飲んでしまい、薬がなくなったからと薬局に行っても、医師が発行した正式な処方箋がない限り、薬は売ってもらえない。

薬が切れているのに病院に行かない患者もたまにいるが、それでも薬が切れて2、3日遅れて病院に行くのが普通だろう。したがって、受診間隔はほぼ処方日数に等しくなるので、本書ではどちらも同じものと理解してほしい。

生活習慣病の患者は、どの程度の頻度で診療を受けているのだろうか。

カルテの情報から、生活習慣病の患者が実際に何日分の処方箋をもらっているのか、2018年と2019年の2年間における、高血圧症およそ28万3000枚、糖尿病8万

図表7-1　生活習慣病薬の処方箋　処方日数別の比率と枚数

2018-2019年　（合計53万7949枚）

処方日数	降圧剤		糖尿病薬剤		脂質異常症薬剤	
	（%）	（枚）	（%）	（枚）	（%）	（枚）
1日	2.2	6282	3.3	2780	0.8	1346
2-13日	1.4	4068	1.4	1138	0.9	1465
14日	13.4	37895	13.1	10975	11.9	20402
15-27日	4.1	11565	4.3	3583	4.3	7319
28-30日	57.9	163944	49.1	41197	60.8	103879
31-59日	12.2	34588	14.6	12276	12.0	20518
60日以上	8.8	24901	14.2	11878	9.3	15950
合計	100	283243	100	83827	100	170879

（出所）アライドメディカル作成

４０００枚、脂質異常症17万枚の処方箋について、処方日数別の割合と枚数を集計したものが、図表７－１である。

54万の処方箋枚数でみると、高血圧症、糖尿病、脂質異常症、いずれの病気も処方日数28日ないし30日のものが約半分、高血圧症と糖尿病における14日処方は13％程度、脂質異常症では14日処方が12％となっている。

一方、高井君のように年に12枚の処方箋を受け取る患者もいれば、安田君のように年に４枚しか受け取らない患者もいるので、処方箋枚数ではなくそれを受け取る患者数の内訳をみると、図表７－２となる。

図表7-2　生活習慣病薬の患者数　処方日数別の比率

2018-2019年（%）

処方日数	降圧剤	糖尿病薬剤	脂質異常症薬剤
1日	0.1	0.1	0.0
2-13日	0.4	0.3	0.2
14日	6.1	5.6	5.2
15-27日	2.7	2.7	2.8
28-30日	54.0	43.4	54.8
31-59日	16.9	18.8	16.2
60日以上	19.8	29.0	20.8

（出所）アライドメディカル作成

高血圧症では28日未満（約1カ月未満）の処方を受けている患者が9％、28日から30日（約1カ月処方）が54％、31日から59日が17％で、60日以上（2カ月以上）は20％しかいない。

糖尿病ではそれぞれ9％、43％、19％、29％で、脂質異常症は高血圧症とほぼ同じ割合で8％、55％、16％、21％である。

高井君は年に12回も診療を受け、安田君は年に4回でよい。2人は架空の患者だが、2カ月以上の処方期間の処方箋を貰っている安田君のように医療費が安く済んでいる患者は、せいぜい2割しかいないのである。

95%の患者が一生にわたって薬を飲み続ける

生活習慣病である高血圧症は、薬を飲んでいれば治る訳ではない。食事や運動などの生活習慣を改善することによって治癒することもあるが、その可能性は小さい。

実際のカルテデータを分析すると、3万8676人の高血圧症患者が、1年間薬を飲んで、高血圧症が治癒しているのは1823人、5%に過ぎない。それ以外の95%の高血圧症患者は毎日薬を飲み続けても治っていない。

すなわち、ほとんどの患者は生涯にわたり365日、降圧剤を飲み続ける覚悟をしなければならない。薬を飲み続けることにより、高血圧症が引き金で将来起こる可能性が高い重篤な心臓・血管の病気を防ぐことをめざすからである。

降圧剤を手に入れるには医師の処方箋が必須である。処方箋なしに健康保険証だけ持って薬局に行っても売ってくれない。法律でそのように定められている。だから、処方箋を発行してもらうために、毎月または2、3カ月ごとに病院に行って医師の診察を受けなければならない。

薬の投与量は医師の判断で決まる

高血圧症治療の代表的な薬で広く使われている飲み薬に「アムロジピン」という薬がある。そのマニュアル、「添付文書」には、薬の使い方、効き方、副作用、飲み合わせなどについて詳しく記載されている。

その中の「用法及び用量」には、「通常、成人にはアムロジピンとして2・5〜5mgを1日1回経口投与する。なお、症状に応じ適宜増減するが、効果不十分な場合には1日1回10mgまで増量することができる。なお、年齢、体重、症状により適宜増減する」と書かれている。

患者にアムロジピンを投与するか、他の薬を選ぶかは、医師の自由である。さらにアムロジピンを選んだとしても、投与量に既定値があるわけではなく、マニュアルの通り、患者の状態を見ながら1日2・5mgから10mgの4倍もの広い範囲で、医師が患者の状態を診ながら決める。

初めて投与するときは、少ない分量で処方を開始し、効き目や副作用を見ながら次第に増量し、適量が見つかったら長期間にわたって量を維持するのが一般的である。これはアムロ

図表7-3　投薬後から1年間の月別平均処方回数

	高血圧症	糖尿病	脂質異常症
投薬開始月	1.12	0.99	0.94
2カ月目	1.03	1	0.98
3カ月目	0.99	0.97	0.92
4カ月目	0.94	0.89	0.87
5カ月目	0.97	0.95	0.91
6カ月目	0.95	0.95	0.91
7カ月目	0.92	0.86	0.84
8カ月目	0.94	0.94	0.89
9カ月目	0.93	0.9	0.89
10カ月目	0.9	0.86	0.84
11カ月目	0.91	0.88	0.86
12カ月目	0.92	0.92	0.86

（出所）アライドメディカル作成

ジピンに限らず、生活習慣病の内服薬について同様と考えてよい。

実際のカルテで、診断後に投与開始からの期間と1カ月あたり何回処方をしているか、すなわち処方箋を何回発行しているかを集計したものが、図表7－3である。

高血圧症と脂質異常症では、飲み始めから時間が経過するにしたがって、処方箋を発行する頻度は徐々に少なくなり、数か月後には落ち着く。飲み始め当初には処方日数を短くして薬の量や種類を調整することがあるからだろう。糖尿病については、飲み始めから処方のペースはほぼ変わらない。

診療頻度が高いほうが健康に良いのか

高井君のように毎月、糖尿病の診療を受けていると、それだけ病状の変化や異常を発見するチャンスが多く、安田君よりも早く対処できるから、高井君のほうがより健康を保ちやすい、と考えることもできる。

高井君は毎月医師と面談して自身の体調を医師に伝え、医師は高井君の血糖値が正常かどうか、腎臓の状態が悪くなっていないか、肝臓に副作用が出ていないかなど、検査をしたり、毎日きちんと薬を飲んでいるのか、食べ過ぎ・飲み過ぎをしていないか、注意したり、運動を勧めたりする。

検査で異常な数値が出たら、治療方針を変更する場合もある。血糖値が思ったように下がっていなければ、薬の量を変更したり、機序が異なる別の薬に替えたり、複数の機序の薬を処方するなど、血糖値を正常に保つ治療に変える。

薬の服用量や種類を変更した場合、その結果が血糖値の検査でわかるまでには約2カ月を要する。

空腹時に血糖値が高かったり、ブドウ糖を飲んで1時間経って血液中の糖の量が多かったりすれば異常と見なすというのが昔の方法だった。現在でも最初に糖尿病の診断をするときはこうした検査を行うが、診断を下した後で経過を観察するには、手間のかからないHbA1cを測る方法が標準になっている。

HbA1cとは、血液中の赤血球に含まれるタンパク質、ヘモグロビンの変質の程度を測る検査方法である。糖はたんぱく質と結合しやすい性質を持っており、この反応をメイラード反応と言う。糖とたんぱく質を含む食材を加熱調理すると、いい匂いがして美味が増すが、これがメイラード反応である。

しかし、メイラード反応が人体の中で起きると、血管をはじめ重要な組織を構成しているタンパク質を変質させてしまい有害となる。血液中の糖が多いほど、タンパク質の変質も大きくなる。このため、ある時点で採血をして赤血球の変質度合いを調べると、採血より約2カ月前の血糖の累積量を推定できる。

生存曲線による比較

本題に入ろう。頻繁に診療を受けている患者のほうが、たまにしか診療を受けない患者よりも健康具合は良いのだろうか？　これを知るためには、患者を診療間隔が短いグループと長いグループに分け、それぞれのグループにおけるエンドポイント発生率を、生存曲線を使って比較する。病気の種類によって違いがあるため個別に説明しよう。

まず、高血圧症を見てみる。すべての患者から2012年以降高血圧症で治療を受けている患者を抜き出す。途中で治療を3カ月中断した患者、すなわちしばらく薬を飲んでいない患者は、エンドポイントを比較するには正確でないので取り除く。

イベントを起こしていない患者は、治療開始から来院の全期間、イベントを起こした患者は、治療開始からイベント発生までの期間の75％で何らかの高血圧症薬を処方されている人に絞る。

治療開始の2カ月目から6カ月目までの、5カ月間の平均処方日数の長さにより、患者を2グループに分けエンドポイント発生率を比較する。治療開始当初の1カ月を除いているのは、当初は薬の量や種類を変更して様子を見るため、特別に短い処方をすることが多いためであり、エンドポイント発生に影響はないと考えたからである。

診療開始最初の1カ月を除いた5カ月間の診療間隔が14日から31日未満の患者を高頻度グループ、31日以上の患者を低頻度グループに分類する。14日未満の処方を受けている患者は除外する。通常の高血圧症治療では、短くても2週間の処方を出すので14日未満の患者は例外として除く。

治療頻度が高いグループと低いグループを単純には比較できない。片方のグループに高年齢の患者が多ければ、当然イベントの発生が多くなってしまい、治療頻度に起因するのか、年齢に起因するのかが判断できないからだ。同様に、性別もグループ間で均等にしなければならない。

また、治療開始時の高血圧症状の程度も2グループで同じにしなければならない。これは投薬開始前30日から投薬開始時点までに、病院で計測された血圧値の平均を、治療開始時の病状の重さとした。

さらに、治療開始以前に、高血圧症のエンドポイントに属する病気の経験（既往症）があれば、それだけイベント発生の可能性が高いので、これも2グループで均等に配分する。また、治療開始後も、高血圧症以外に糖尿病や脂質異常症を持っている併病の患者は、それだ

図表7-4　5年以内にエンドポイントに至らなかった高血圧症患者の割合（処方日数 長／短比較 2グループ各805人ずつ）

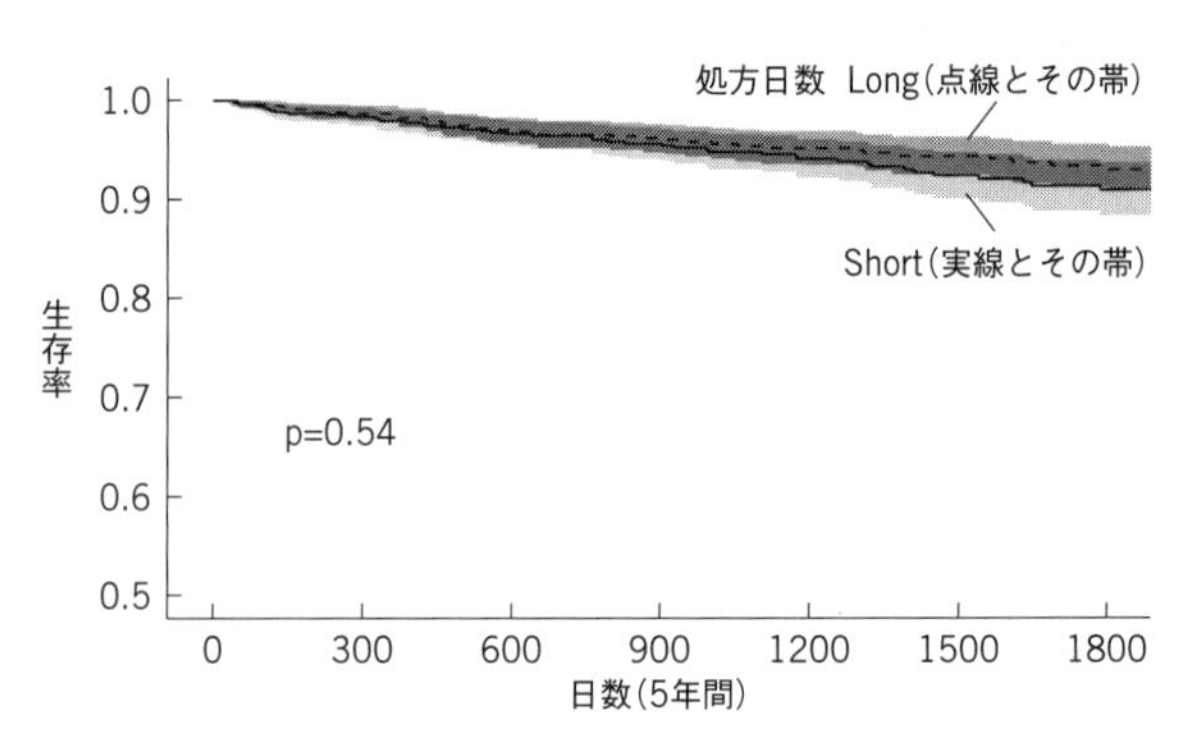

（出所）アライドメディカル作成

けイベント発生の可能性が高いので、2グループで同じにする。

そして繰り返しになるが、年齢・性別・収縮期血圧・糖尿病併病の有無・脂質異常症併病の有無・腎既往症の有無・肝既往症の有無、の7つの属性を診療頻度の高低2グループで同じにする。

マッチング方法については既に説明したが、1グループに所属する1人の患者に着目し、その患者の7属性とほとんど同じ患者を別グループから探し、見つからなければこの患者は除外する作業を繰り返し2グループの患者属性を同じにする。

コンピュータでデータを総当たりし、7属性がほとんど同じ患者を探す作業を繰り

図表7-5　高血圧症のエンドポイント

病名	国際疾病分類ICD-10第10版
狭心症	I20
急性心筋梗塞	I21
一過性脳虚血発作	G45.9
脳梗塞	I63

（出所）アライドメディカル作成

返す。厳密性を重視しマハラノビス距離という統計数学の手法を使うため、ペアが見つからない場合も多い。もともと４７６４人いた高血圧症の対象患者がマッチング後は１６１０人に減る。

医学統計ではマッチング方法として傾向スコアという方法を使うことが多い。しかし、こちらは高血圧症患者を３３５２人確保できるが、２グループの均質性は下がってしまうため、本書では使わなかった。

結果は、図表７－４のとおりである。診療頻度の長期グループ（平均処方日数39・５日）と、短期グループ（平均処方日数22日）の生存曲線を比べた時のｐ値は０・54で、エンドポイント発生率の差はほとんどない。

すなわち、診療頻度が２倍近く違ったとしても治療結果は同じということである。

なお、高血圧症のエンドポイントは、図表７－５に示す病気を含む。これは、一般に医学統計の世界で使われる、高血圧症エンドポイトとして採用される心臓血管系の病気である。

コラム

マハラノビスが生み出す優れた均質性

マハラノビス距離でグループを作った時の均等性は驚くほど高く、処方日数の長／短2グループそれぞれの平均は次のようになった。ほとんど一致していることが分かる。

- 年齢65・5歳と65・5歳
- 血圧150・9㎜Hgと150・8㎜Hg
- 女性比率54・8％と54・8％
- 糖尿病併病率11・8％と11・8％
- 脂質異常症併病率27・1％と27・1％
- 腎既往症率2・3％と2・3％
- 肝既往症率6・7％と6・7％

図表7-6　5年以内にエンドポイントに至らなかった糖尿病患者の割合（処方日数 長／短比較 2グループ各203人ずつ）

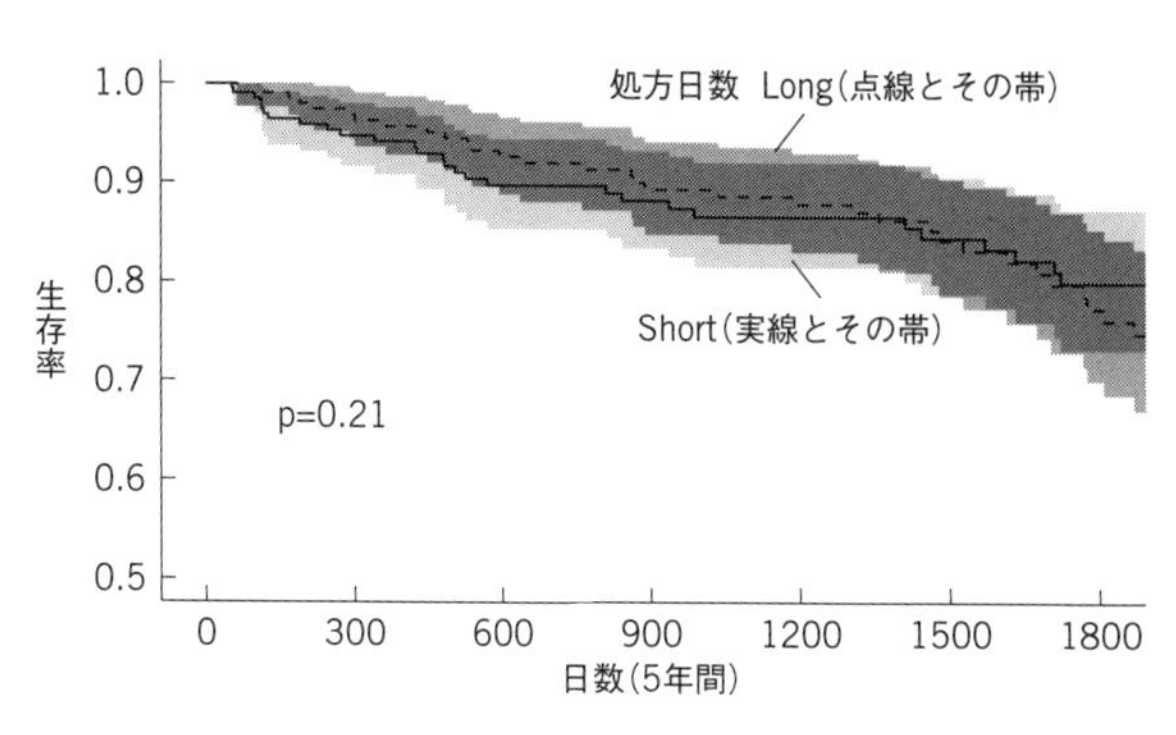

（出所）アライドメディカル作成

同様に糖尿病について、診療頻度の違いによるエンドポイントの違いを見るために、34日以上の診療間隔と34日未満の2グループの生存曲線を比較した（糖尿病は他の生活習慣病に比べて処方日数が1カ月を超える患者が多いので、実態に合わせて長短グループで分ける基準日数を34日とした）。そうすると、図表7－6のようにp値は0・21で、エンドポイントの発生に統計的に有意な違いはなく、診療頻度によって重篤な病気になる可能性の違いはない。（マッチング前が1954人、マハラノビス距離でマッチングした後が406人）

脂質異常症については高血圧症と同様に31

図表7-7　5年以内にエンドポイントに至らなかった脂質異常症患者の割合（処方日数 長／短比較 2グループ各224人ずつ）

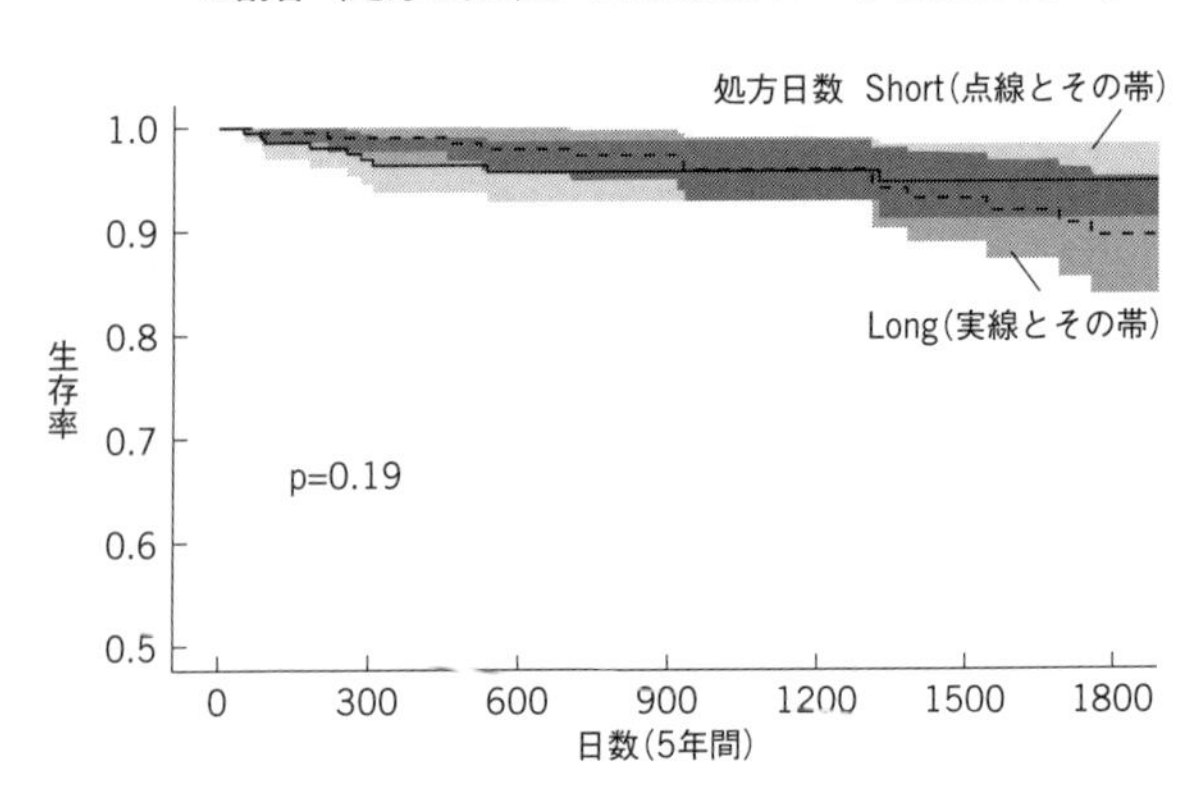

（出所）アライドメディカル作成

日以上と31日未満の診療間隔グループで比較した。図表7－7のとおりp値は0・19で、これも統計的には、診療頻度によって重篤な病気になる可能性の違いがあるとは言えない。（マッチング前2170人、マッチング後448人）

なお、統計サンプル数が少ない場合には統計結果に偏りが出ることがある。たとえば、病院ごとに診療スタイルの違いがあり、これに起因する統計の歪みがあるかも知れない場合は、その歪みを取り除く分析を行う。一般化線形混合モデル（GLMM）による分析がそれである。

詳細な説明および分析結果の図表Eを巻末

に記すが、この分析ではイベント発生患者だけを対象にし、診療頻度（処方日数の長短）や、患者の年齢など7つの属性が、イベント発生までの日数にどの程度関係しているのかを見てみた。

分析の結果、高血圧症、糖尿病、脂質異常症いずれの病気においても、診療間隔が60日未満か60日以上かの違いによる有意な差はなく（p値はそれぞれ0・46、0・83、0・40）診療頻度はイベント発生までの日数に影響はしなかった。

高井君は医療費を節約できるのか

では、この結果から考えて、高井君は1カ月に一度ではなく、安田君のように3カ月に一度病院に行ってもかまわないのであろうか？

これは簡単には判断できない。高井君の担当医師は、高井君は重篤な病気になる危険が高いとか、病状が変化する可能性があるため、毎月診察しないと対処が遅れると考えているかもしれない。あるいは高井君は毎月診察して確認しないと、薬をきちんと飲むかわからないと思っているかもしれない。だから高井君が毎月でなく、3カ月の受診に変更したら、重篤な病気になる確率が高まるという可能性も否定できない。

図表7-8　糖尿病患者への平均処方日数（医療機関別、2018-2019年）

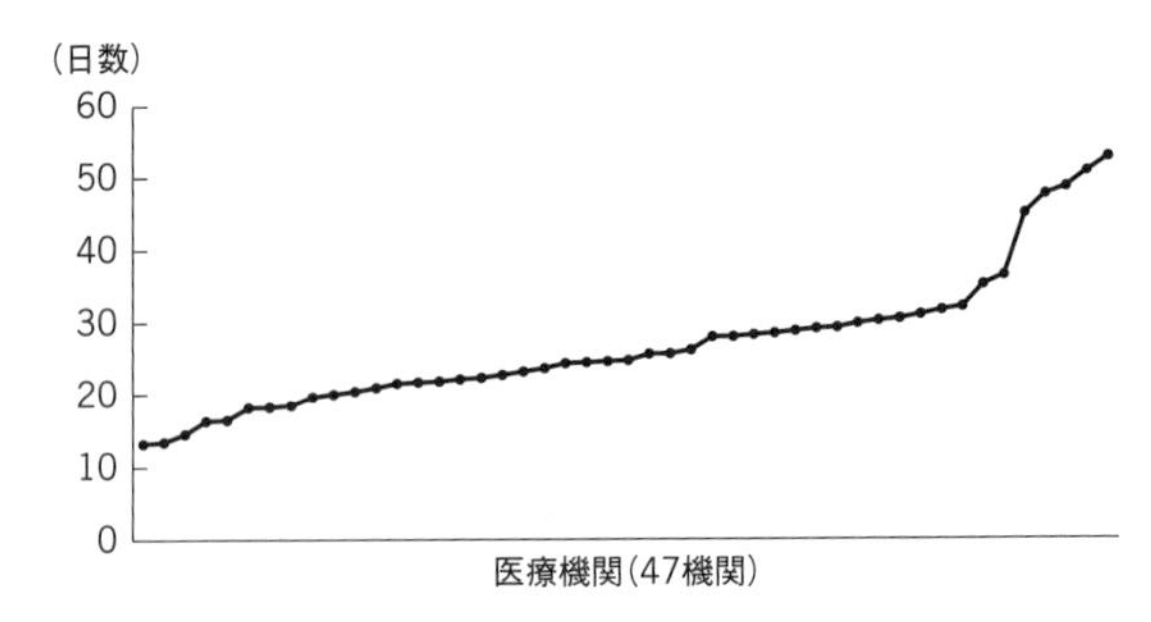

（出所）アライドメディカル作成

しかし、統計結果からは、年齢、糖尿病の程度、既往症、併病の状態が同じであるなら、受診回数を減らしても重篤な病気になる可能性は高くならない。３カ月に一度に受診回数を減らすと、高井君の医療費は病院と薬局から請求される手数料が４分の１になるため、１日あたり４１３円から２６６円に減る。

病院によって処方日数は大きく異なる

２０１８年と19年の処方箋の平均処方日数を少ない順に病院別に羅列したのが図表７－８である。さらに、安田君が通っているような病院がどの程度あるのかを知るため、病院ごとに処方期間が60日以上の糖尿病患者（ここでは長期処方と呼ぶ）比率を少ない順に並べたのが、図表７－９である。病院ごとの違いが驚くほど大きいことがわかるだろう。

図表7-9　糖尿病患者に60日以上の処方箋が出されている割合（医療機関別）（上）と処方日数別の患者割合（下）

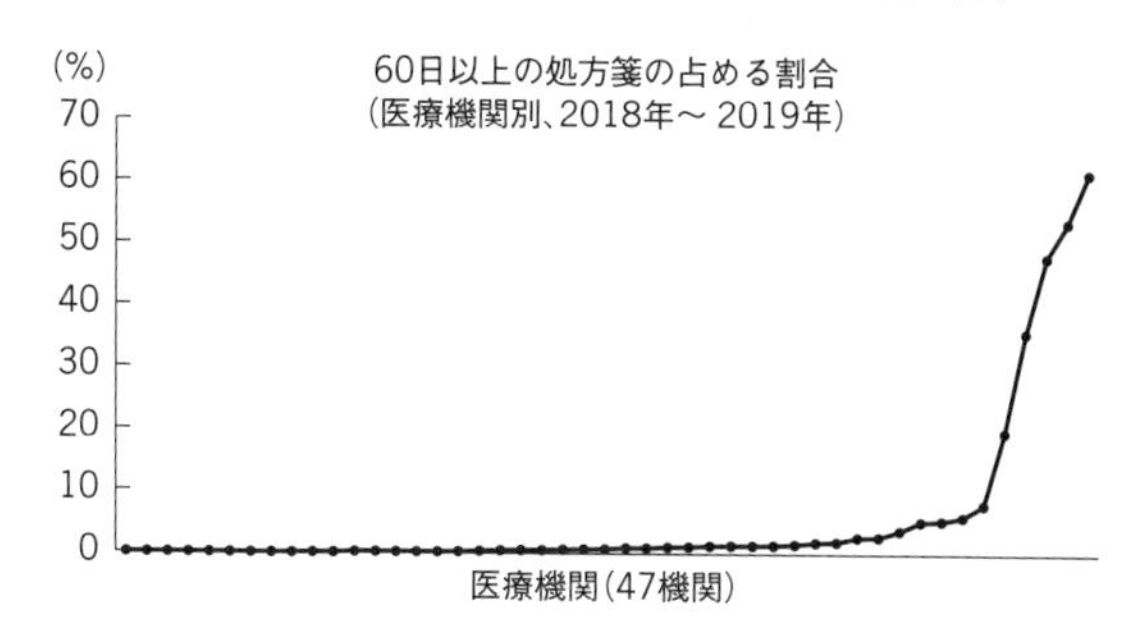

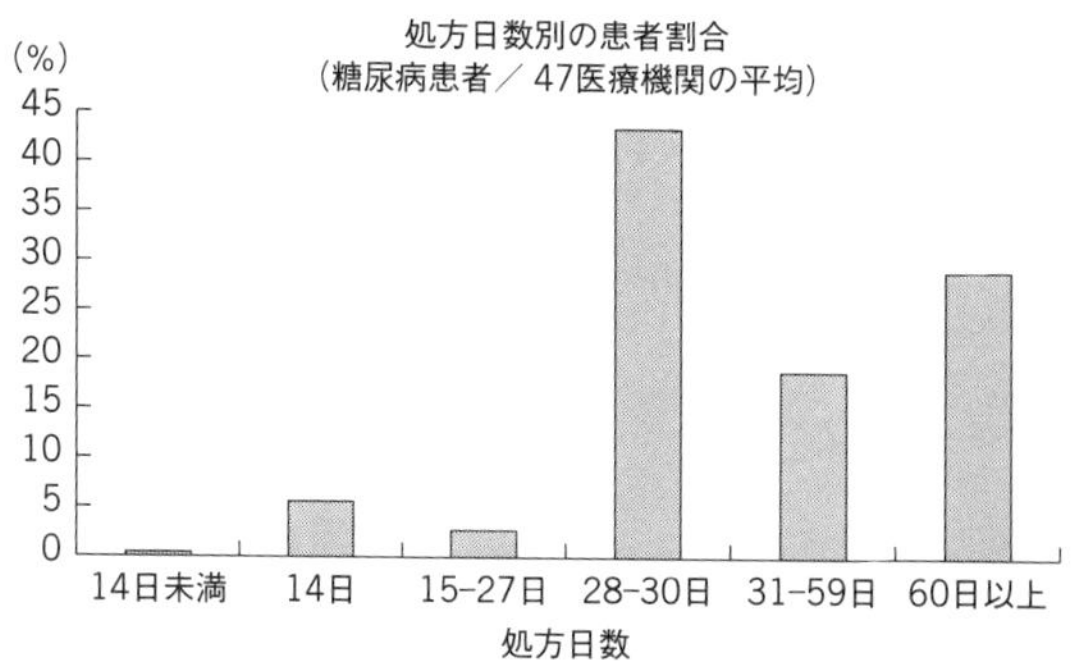

（出所）アライドメディカル作成

長期処方の患者は、約1割の病院で40％以上いるのに対し、7、8割の病院では10％に満たない。同じ病気でも、病院による処方日数の長短の違いはこれほどあるのだ。また全体の平均でも、60日以上の長期処方された患者は29％となる。

では、病院によって患者の質は大きく

図表7-10　生活習慣病患者　医療機関別の平均年齢／平均検査値（投薬開始時。医療機関数が図表7-8、図表7-9より少ない理由は極端なデータを示す10人未満の医療機関を除外しているため）

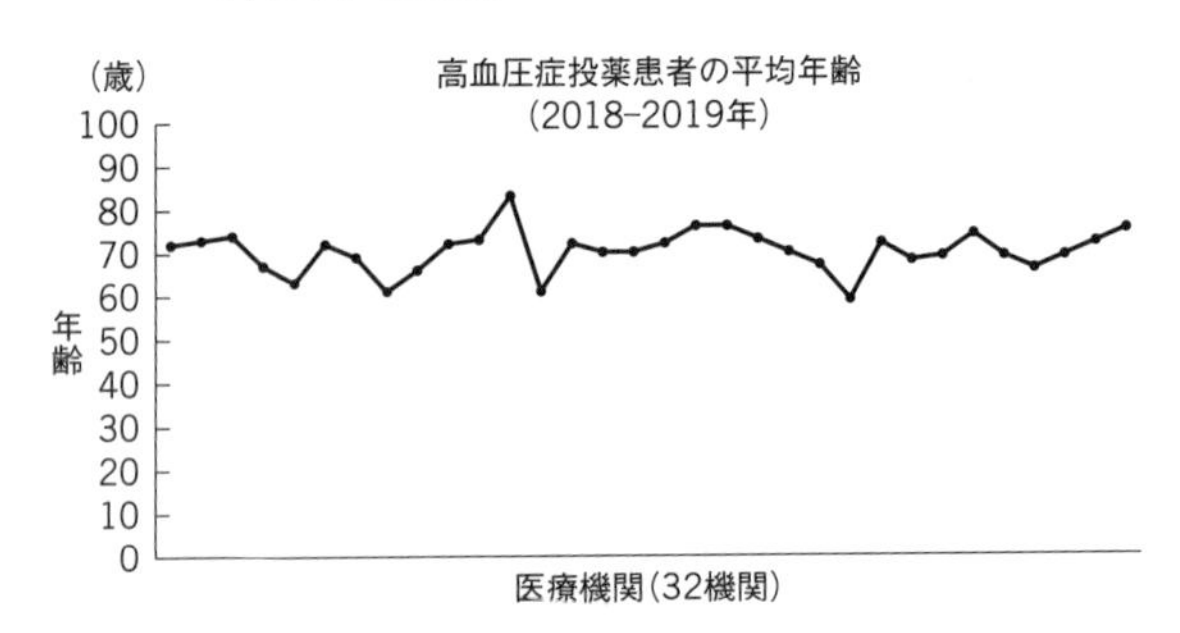

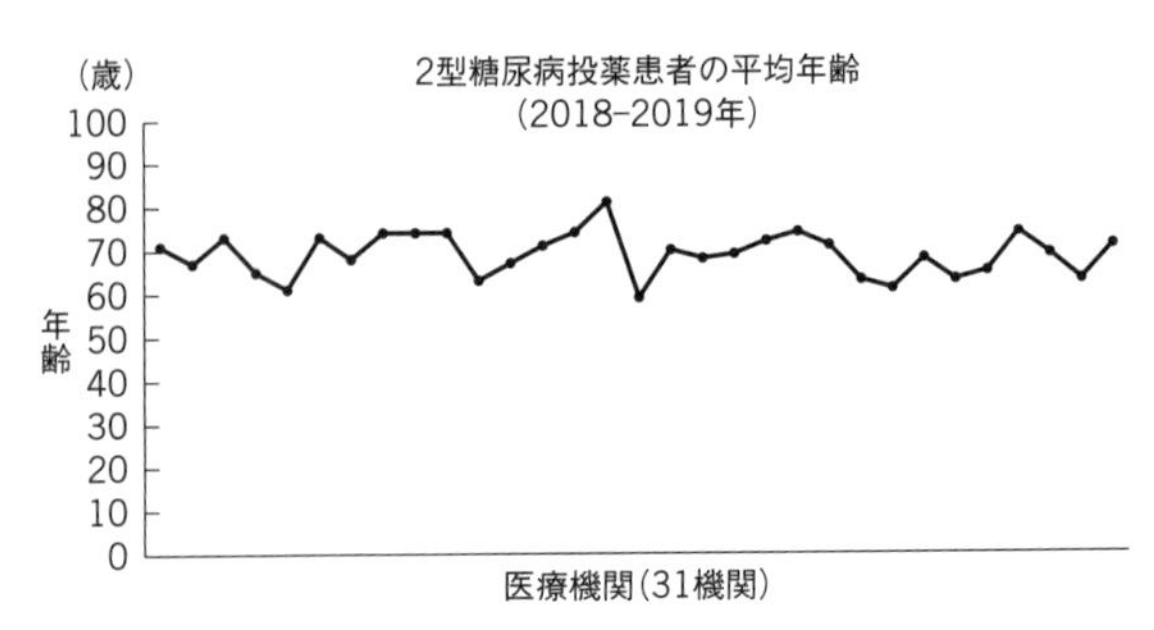

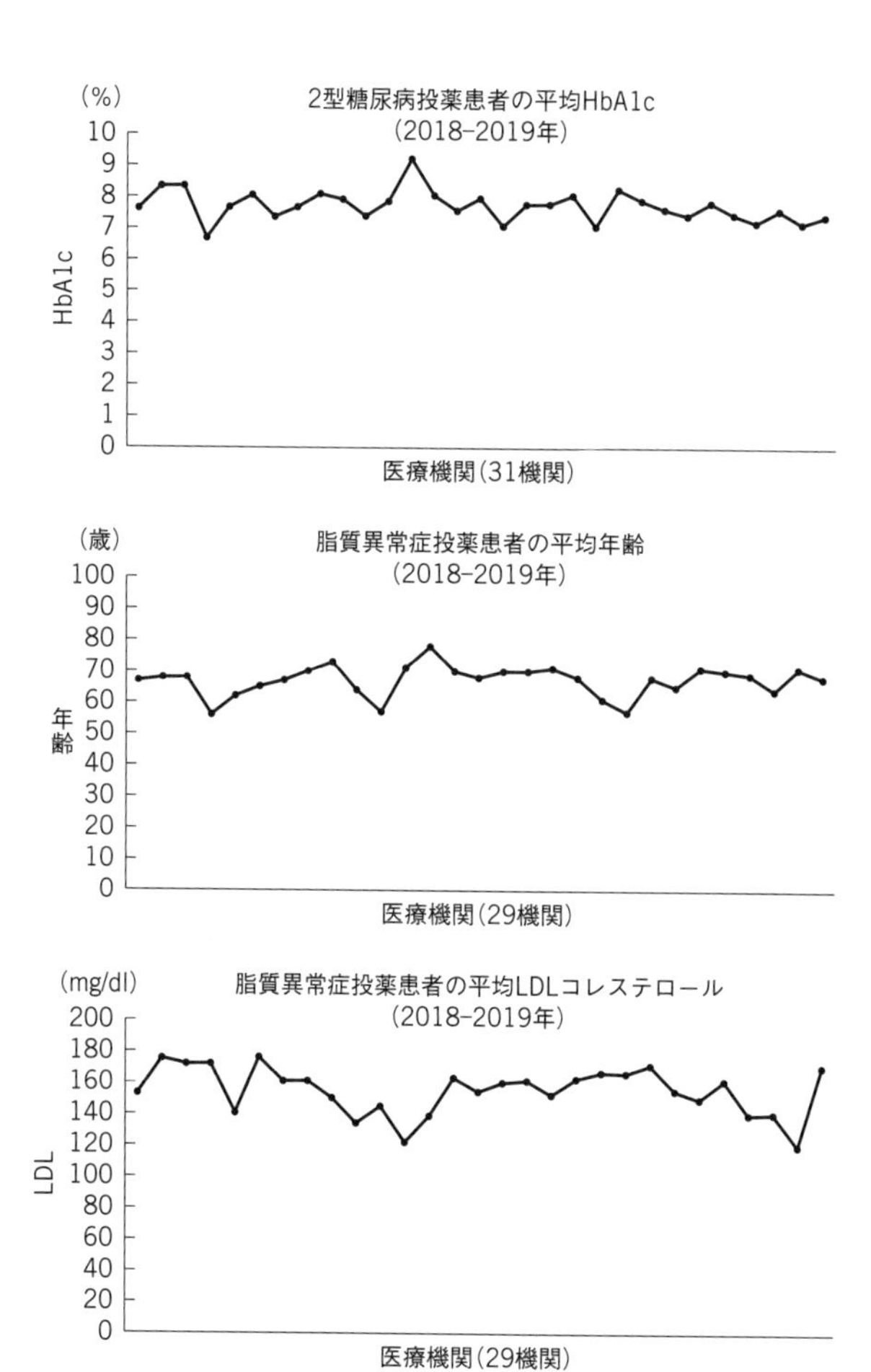

（出所）アライドメディカル作成

違うのだろうか？　図表7－8と図表7－9の同じデータで病院ごとの患者平均年齢と投薬開始時平均検査値を見ると、図表7－10のとおりである。処方日数の傾向と患者年齢・病状の程度が必ずしも一致しているわけではない。

さらに、患者の年齢や病状の程度、性別に違いがあったかどうか、長期処方の多い病院グループとそれ以外のグループに分けて統計的に調べると（図表7－11）、いずれの疾患においても、年齢、病状、性別によって意味ある違いは見られなかった。

したがって、処方日数の病院による違いは患者の状態に起因するのではなく、病院の診察のやり方によって違っているとみるべきだ。すなわち、まったく同じ患者でも、診察を受ける病院によって処方日数が大きく違ってくる可能性があるのだ。

病院全体の患者を平均した診療間隔は、病院、医師による自由な選択の結果だろう。医師は診療頻度を決めるすべての権限をもっているからである。

糖尿病の診療頻度は病院により大きく違う

糖尿病患者をさらに見てみよう。ある病院では全患者に1カ月程度の処方箋を発行している一方で、別の病院では糖尿病患者の4割に2カ月以上の処方日数の処方箋を発行してい

図表7-11　生活習慣病 性別・年齢・検査値で意味ある違いはない（長期処方多い病院／少ない病院のグループ比較）

2018-2019年

高血圧症患者

	女性比率（%）	平均年齢（歳）	平均収縮期血圧（mmHg）
長期処方多い病院	45.6	60.8	152.7
それ以外	55.7	62.3	149.6

2型糖尿病患者

	女性比率（%）	平均年齢（歳）	平均HbA1c（%）
長期処方多い病院	27.4	60.6	7.9
それ以外	42.7	63.9	7.7

脂質異常症患者

	女性比率（%）	平均年齢（歳）	平均LDLコレステロール（mg/dl）
長期処方多い病院	46.9	59.8	154.4
それ以外	56.5	61.9	154.1

（出所）アライドメディカル作成

図表7-12　糖尿病患者への平均処方日数と処方2カ月以上の患者の比率（医療機関別）

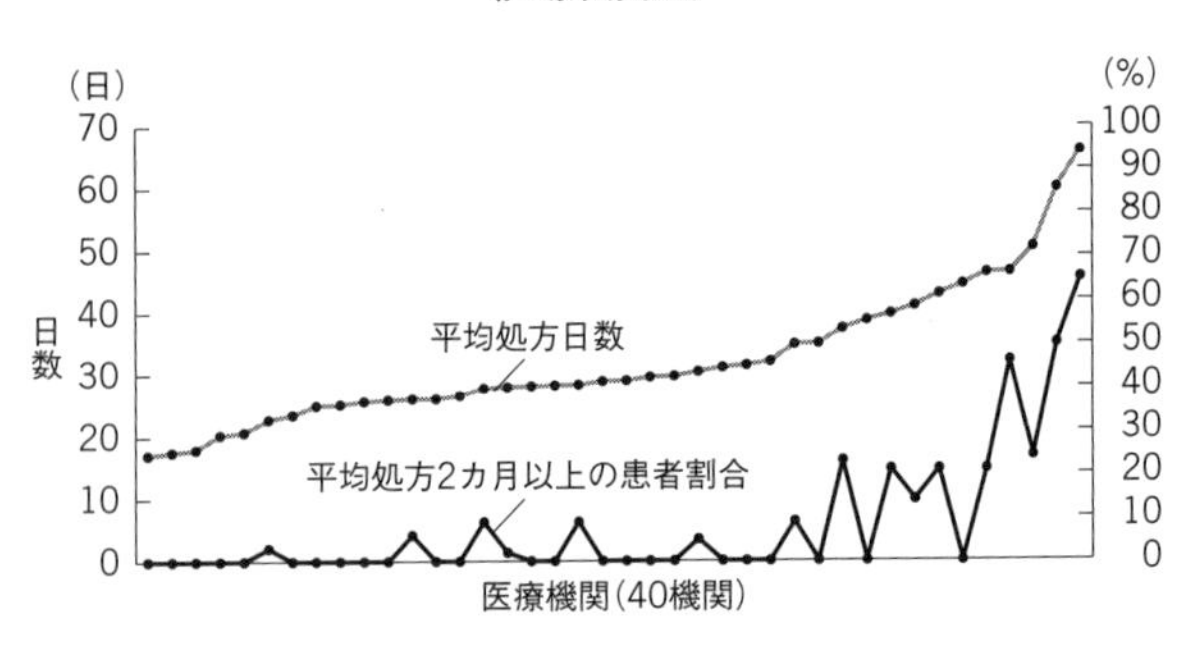

（出所）アライドメディカル作成

る。

図表7－12は、病院ごとの糖尿病患者に対する処方日数の平均と、2カ月以上の処方箋を貰っている患者の比率である。処方箋の枚数比率ではなく、患者数の比率である点に注意していただきたい。

糖尿病の経過を観察するためには血液検査でHbA1cを測ることが必須だ。1カ月の処方箋を貰っている患者に着目し、HbA1c検査をどの程度の頻度で行っているかを見ると、4・7カ月に1回となる。さらに2カ月を超す処方箋を出している病院に絞ると、長い処方箋を貰っている患者のHbA1c検査の間隔は4・3カ月、1カ月以下の処方箋を貰っている患者の検査間隔は3・3カ月である。

このような病院では、患者によってメリハリのある診療頻度を使い分けていることがよくわかる。

欧米における糖尿病診療のガイドライン

糖尿病には、膵臓の障害のためインスリンが作れなくなるために発症するものと、食べ過ぎなど生活習慣から発症するものがあり、それぞれ1型糖尿病、2型糖尿病と区別されている。

本書では、生活習慣病である2型糖尿病を単に糖尿病と呼ぶ。ここで紹介するガイドラインも2型糖尿病のものである。ガイドラインには診断基準、さまざまな治療方法や選択基準、薬の選び方、患者への生活指導方法など、広範囲の記述がある。

米国と欧州のガイドラインを見てみよう。糖質を摂りすぎると、欧米人は肥満になり、日本人は糖尿病になるという。こうした人種の違いもあるので、ガイドラインの構成が日本とは異なっている。

アメリカの糖尿病学会である American Diabetes Association の2020年のガイドラインに記載されている糖尿病に対する薬の使い方は以下のとおりである。

▽第1段階　最初はメトホルミンを処方し、同時に減量と運動を含む包括的な生活指導を行う。この処置をしてもHbA1cが目標値まで下がらない場合、第2段階に進む。
▽第2段階　DPP4阻害薬、GLP1、SGLT2阻害薬、TZDのいずれかを追加投与する。それでもHbA1cが目標まで下がらないときは、第3段階に進む。
▽第3段階　第2段階がDPP4阻害薬の時はSGLT2阻害薬またはTZDを追加、GLP1の時はSGLT2阻害薬またはTZDを追加、SGLT2阻害薬の時はGLP1かDPP4阻害薬かTZDを追加、TZDの時はSGLT2阻害薬かDPP4阻害薬かGLP1を追加する。それでもHbA1cが目標まで下がらなければ、第2段階で選択しなかった機序を追加投与する。それでも駄目なら第4段階へ。
▽第4段階　SU薬または持続型のインスリンの追加投与を考える。

最初にメトホルミンを使い、その副作用がなく許容されるのであれば、メトホルミンを続けたまま、追加して他の薬を使え、と記載されている。

実際には、慢性腎臓病、動脈硬化性の心臓血管障害、心不全の患者とそのリスクが高い患者では、第2段階以降が全く異なるが、複雑であり、ガイドラインの作り方の違いを理解する上では不要なので説明を省く。

興味深いのは、別途治療の費用が問題になる場合の方法が用意されている点である。第2段階から分かれ、それ以降はすべて薬代を安くしたい場合の方法が記述されている。

アメリカでは健康保険に加入していない人が多く、保険に入っていても薬剤費は自費で払わなければならない場合も多い。このため、医師が高い薬を処方すると患者が薬を買わず飲まないことがある。

医学雑誌 Diabetes Research and Clinical Practice の２０１８年調査では、医師の処方箋を貰っている糖尿病患者のうち、16％から19％の患者は、経済的理由で薬を処方箋どおり買っていない。すなわち全く飲んでいないか、医師の指示よりも少ない薬しか飲んでいないそうである。

ガイドラインでどんなに良い薬を紹介したとしても、患者がそのとおり飲んでくれなければ意味はない。経済的な問題を抱える患者に対しては、治療効果としてはベストでないが、経済的負担の少ない薬の選択を紹介している。

欧州も見てみよう。２０１９年に欧州心臓病学会（European Society of Cardiology：ＥＳＣ）と、欧州糖尿病学会（European Association for the Study of Diabetes：ＥＡＳＤ）

が共同で作成した糖尿病のガイドラインがある。

これらは欧州を代表する学会である。ガイドラインは数年ごとに発表されるので、2019年が最新である。薬剤選択のガイドラインについては米国ADAのものと一字一句同じだった。米国と共同で作ったという。

日本との違い

では、日本のガイドラインはどうだろうか。会員数が1万7500人の日本糖尿病学会は糖尿病分野で最大の学会である。同学会は2021年版の糖尿病ガイドラインを刊行している。約150ページに及ぶ広範囲で詳細な内容である。この中には薬物療法という20ページにわたる章があり、10種類の機序の薬剤について特徴や使い方を説明している。

米欧で最初に選択する機序としてリストアップされているメトホルミンは、この機序別の薬剤説明でも最初に書かれている。このメトホルミンの説明の中に、「血糖コントロール改善に際しては体重が増加しにくいので、過体重・肥満2型糖尿病例では第1選択となるが、非肥満にも有効である」と書かれている。

しかし、薬選択の優先順位についてはこの記述しかない。それ以外の機序の薬は効果の特徴、使い方、副作用、禁忌の情報しか記述がなく、薬の選択はそれぞれの医師に委ねられている。薬剤のコストに関しては全く記述がない。

国民皆保険制度の日本では、ほとんどの患者が健康保険に加入しており、患者の自己負担は総額の3割以下である。このため欧米のように薬代全額が患者負担になる訳ではないから、患者は医師の指示通り薬を購入しているとも考えられる。

それでも、糖尿病の薬には高価なものがある。2020年のカルテを集計してみると、1日あたり薬代が500円かかっている場合があった。90日の処方箋を出すと、自己負担3割の場合、患者は薬局の手数料と薬代と合わせ1万4000円を支払わなければならない。この出費を避けるために、次回から病院には行かず薬も飲まないという患者が出てきても不思議ではない。

2022年版米国ガイドラインは少し変更

本書の最終原稿の直前、2021年12月に米国糖尿病学会の2022年版ガイドラインが発表された。今までとの違いは、atherosclerotic cardiovascular disease、heart failure、chronic kidney disease の3つのいずれかの既往症がある患者に対しては、投薬開始時点から高価な

GLP1またはSGLT2阻害薬を奨励している点である。今までは長い間、すべての患者に対する第1選択は、安価なメトホルミンだったので、センセーショナルに報道された。

この3つの病気は、日本では動脈硬化性心疾患、心不全、慢性腎臓病に相当する。本書で使ったカルテデータ中には、薬を服用した2型糖尿病患者は1万2705人いたが、そのうち、動脈硬化性心疾患の既往症を持つ患者は0・04%、心不全が7・7%、慢性腎臓病は0・46%である。日本では2型糖尿病患者のうち、糖尿病性腎臓病という病気が6%、心臓の動脈が狭窄する狭心症が9%、心筋梗塞が2%あり、これらも加えて多めにみると、患者数で約20%がこの薬を最初に処方する対象者となる。

このガイドラインは、これらの患者に対してはメトホルミンも最初から投与してよい、となっている上に、対象患者は多く見ても2割なので、大局で見れば今までのガイドラインが激変したわけではない。報道は少し大げさに見える。

歴史の短い薬であり、サンプルが少なく十分な統計がとれないので、本書ではこれらの薬の効用に関する分析をしていない。今後さらにカルテデータが蓄積されたら改めて調査したい。

第 8 章

生活習慣病に
高額の治療費はいらない

検査頻度と診療頻度の関係

何年も同じ薬を飲み続けて安定状態になっており、血液検査をしても異常はなく、自覚症状もない高血圧症患者にとっては、毎月病院に行って診察してもらうのは面倒だろう。はたしてそれほどの頻度で診察を受ける必要があるのだろうか？

高血圧症患者によく使われる薬であるＡＲＢのマニュアルを見ると、「本剤を含むアンジオテンシンⅡ受容体拮抗剤投与中に肝炎等の重篤な肝障害が現われたとの報告がある。肝機能検査を実施するなど観察を十分に行い、異常が認められた場合には投与を中止するなど適切な処置を行うこと」と記載されている。

こうした注意事項はすべての薬のマニュアルに掲載されている。医師は患者に対し薬の副作用のチェックを継続的に行い、もし悪い影響が出れば他の薬に変更したり、薬の量を少なくしたりするなどの対処が必要になる。

実際の診療データを見てみよう。高血圧の症状のみある患者に対し、診療は平均45日に一度、血液検査は平均１３０日に一度行われている。

ＡＲＢに限らず、薬を投与すると肝臓や腎臓などに悪い影響が出ることがある。そのため毎日薬を飲んでいる患者に対しては、肝臓や腎臓への影響がないかどうか定期的に血液検査のチェックを行う。

血液検査は、糖尿病では174日に1度、脂質異常では271日に1度行われている。これらの日数は診療の間隔より約3倍長い。すなわち3回受診する間に1回程度、血液検査をしていることになる。

次に検査の詳細項目に対する間隔を見ると、診療間隔の短い病院では、血糖検査(HbA1c)が165日、LDLコレステロール検査が665日なのに対し、長い病院では同158日、585日となっており、診療間隔が違うほどには検査頻度に違いがない。

さらに薬を服用した後、各種検査数値が、時間経過とともにどのように変化しているのかを見よう。図表8―1は投薬から3年間、高血圧症患者1万7282人、糖尿病患者4931人、脂質異常症患者62447人の毎月の検査平均値がどのように変化したかを見たものである。

これを見ると、投薬治療の開始から約3カ月は、検査値は安定状態に至らないが、その後は何年もの間、ほぼ同じレベルに安定している。治療開始から安定状態に至るまでの間は、医師は患者の状態を頻繁に観察しながら調節をしなければならないことが推察できる。

図表8-1　投薬開始で生活習慣病患者の検査数値はどう変わるか（2万8460患者のデータ解析より）

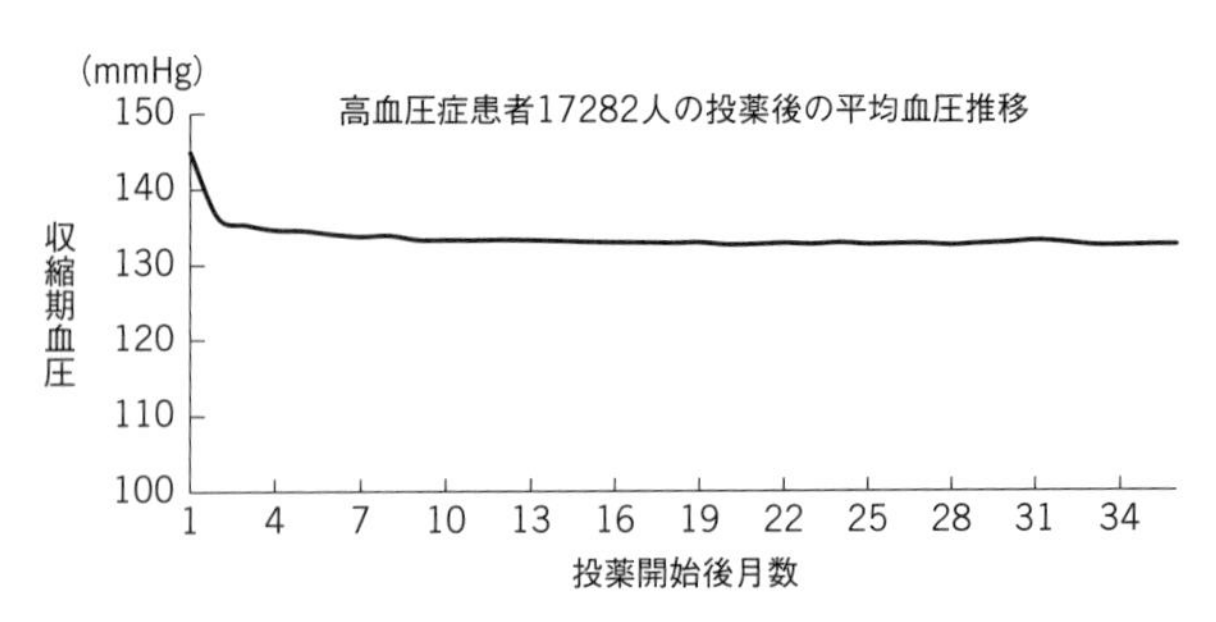

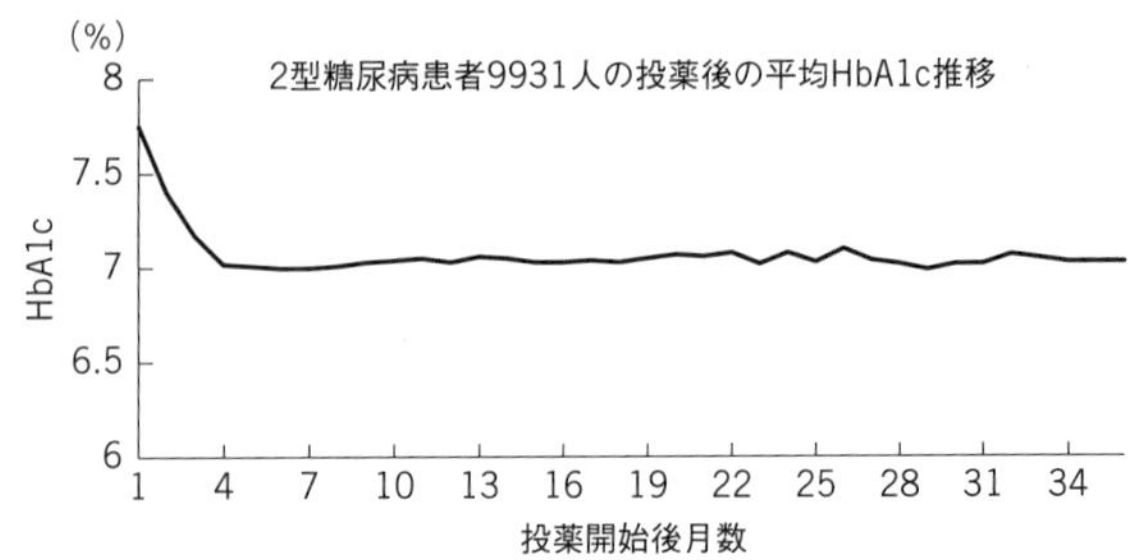

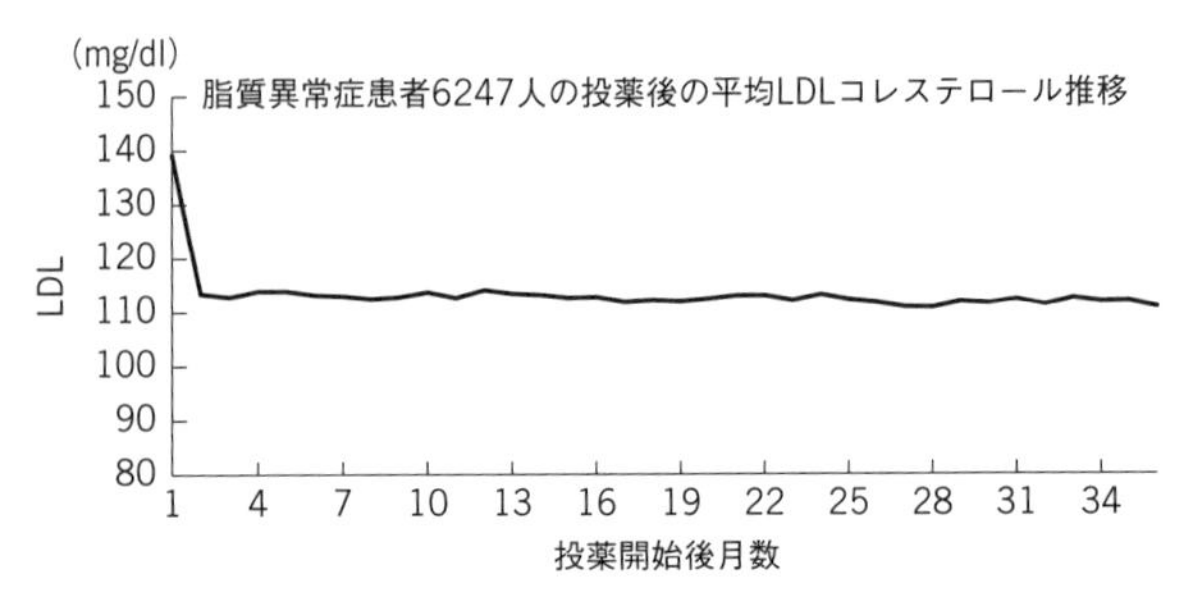

（出所）アライドメディカル作成

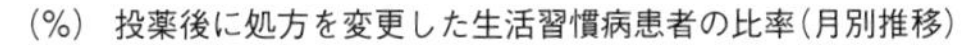
図表8-2 安定状態（3カ月）以降、薬の種類／量を変更する必要は低下
——図表8-1と同じ2万8460患者をベースに解析

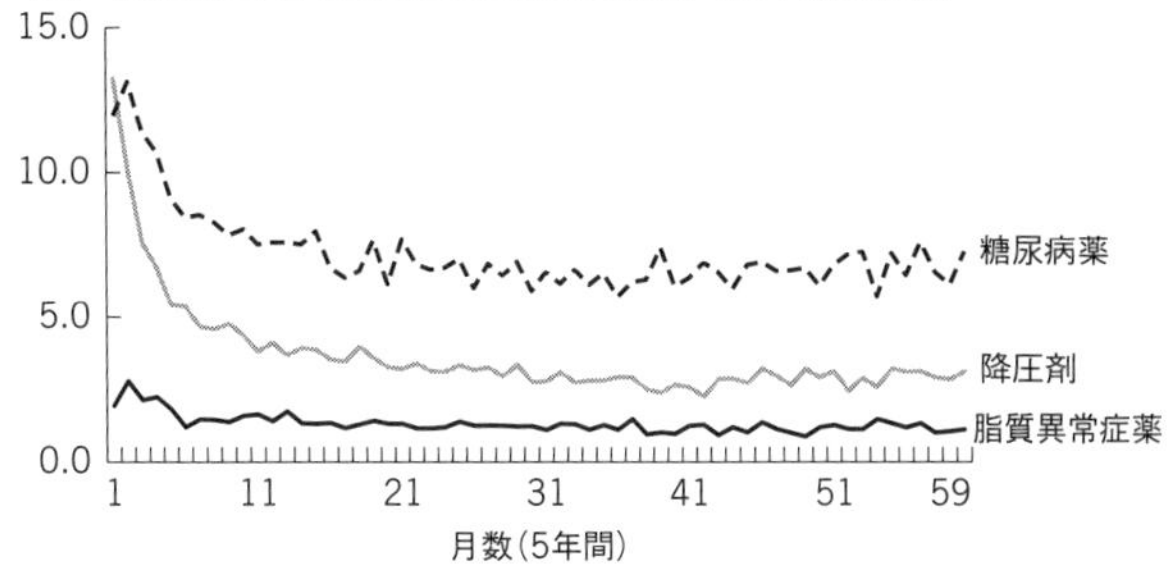

（注）2012年以降に投薬開始した患者。前回処方から処方の変更（薬の種類や投与量の変更）が1回でもあった月は変更ありとして、変更あり患者の全投薬患者に占める割合の推移を見た。3カ月ごと処方の患者で変更があった場合は、2カ月前および前月は変更なし、当月のみ変更ありとして計算。
（出所）アライドメディカル作成

治療開始から4カ月経過し安定状態になったとしても、1年後にはまた調節が必要となる場合がある。患者は加齢とともに体の状態や病状が変化するし、薬の効き方も変わってくることがあるからだ。医師はこのような際には再度、投薬を調整する。しかし、安定状態になった後は、調整が必要となる頻度は非常に少なくなる。

投薬開始以降の経過時間により、薬の種類や投与量を変更する頻度がどう変化するかを、図表8－2で見る。3カ月経過して安定状態に達した以降は、薬剤の種類や量を変更するのは761日に1度程度となる。いったん安定状態に達すれば、薬を替えたり量を変えたりする必要性は非常に低くなる。

病院の手数料への影響

患者からみれば、診療頻度が高ければ頻繁に病院に行くことになるので負担は増す。患者にとってもう1つ重要なのは、病院に支払う医療費、すなわち病院手数料が高くなることである。

前述のように生活習慣病の場合、患者が病院に対し支払う手数料は、ほとんどが受診間隔、すなわち処方箋日数によって決まる。1回の受診にかかる手数料は、1カ月の処方箋でも3カ月の処方箋でもほとんど同額なため、長期の処方箋のほうが、受診間隔が少なくなる分、1日あたりの病院手数料は劇的に安くなる。

患者は薬局に対しても手数料を支払うが、これも1回に処方する薬の日数とはほとんど関係なく、一度の処方に対し一定の金額であるため、処方日数が長ければ長いほど1日あたりの薬局手数料が劇的に安くなる。

病院の立場から、高井君と安田君の例を見てみよう。病院の手数料がそれぞれいくらになるのかを再度確認する。

病院は、高井君から年間に約６万円の手数料を受け取るが、安田君からは約２万円しか受け取らない。つまり患者数が同じなら、病院は高井君のように１カ月処方をするほうが３カ月処方に比べ、３倍の手数料収入を得ることができる。言い換えれば高井君のように毎月受診してもらえば、病院としては患者の数が３分の１でも、安田君の場合と同じ収益を上げることができる。

また、病院の手数料の中には１回２２５０円の「特定疾患療養管理料」が含まれている。これは、医師が患者に病気や生活の状況を聞いたりして、治療の課題や今後の方針などをカルテに記載することに対する手数料である。時間がなくて処方箋だけを渡すだけで済ませた場合、病院はこの手数料を請求できない。

実際のカルテで調べると、１カ月処方の場合、処方箋発行枚数すなわち診療回数の89％から94％で「特定疾患療養管理料」を請求している。２カ月以上の場合は79％から86％である。つまり、28日以上の処方箋を発行するときに、ほとんどの病院では図表８－３のように、80％から90％以上の割合でこの管理料を請求しているのである。

病院は２週間の処方をする場合もあるが、この場合は「特定疾患療養管理料」を請求していない比率が増える。２週間処方の患者のうち、６～７割の患者にしか請求していない。制

図表8-3　特定疾患療養管理料の請求率
（28日以上の処方箋発行時／医療機関別）

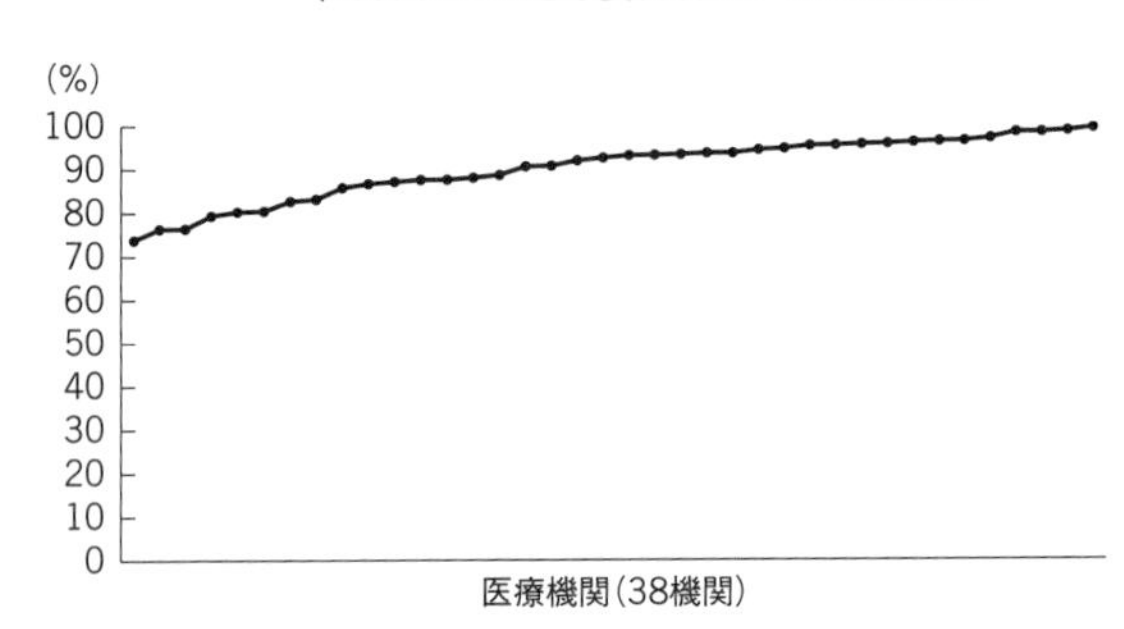

（出所）アライドメディカル作成

度上は2週間に1度の診療でも「特定疾患療養管理料」を請求してかまわない。

このような請求実態を考慮に入れて、処方日数別に1日あたりの病院の手数料を計算したのが図表8－4である。2週間の処方については管理料が少し安くなっているとはいえ、14日で1日あたり約300円の病院手数料が、30日では150円、60日では75円、90日で50円と言うように、処方日数に反比例して安くなっている。

高井君と安田君の例でも「特定疾患療養管理料」を支払っている。1カ月や3カ月処方の場合は、実際の診療で9割が請求しているため、安田君が支払う手数料は高井君の3分の1になるという結果は変わらない。

図表8-4 処方日数による病院手数料の違い（生活習慣病）

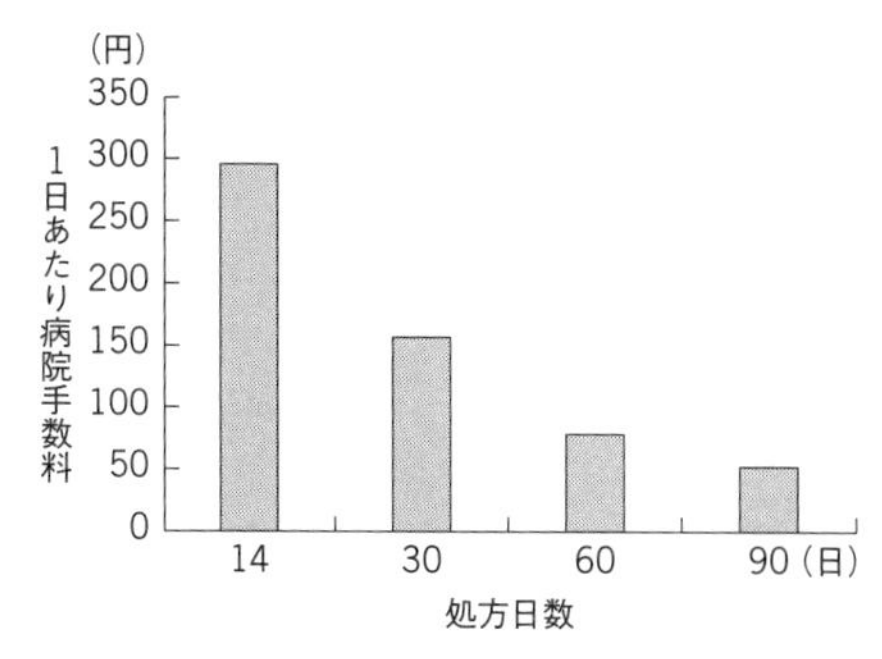

（出所）アライドメディカル作成

受診頻度によって
検査値も治療結果も変わらない

高血圧症、糖尿病、脂質異常症いずれの患者でも、受診頻度が高いグループの手数料は、低いグループの2・2倍高い。とりわけ重篤な患者が多かったり、年長者が多かったりする病院が一部にあったとしても、各病院を合算するとこうした特殊事情が薄まる。手数料の違いは病院の診療のやり方によって生じている。患者の属性の違いで手数料の高低が分かれているのではなく、病院や医師の治療方針によって分かれていると考えてよい。

受診頻度の高低で分けた2グループに含まれる患者の年齢や初期の検査値を見ると（図表8―5）、違いはほとんどない。p値は、高血圧症0・13、糖

図表8-5　受診頻度（長／短 処方）によって年齢や検査値は変わらない

高血圧症	人数	平均年齢（歳）	初期収縮期血圧
長期処方	1678	63.0	148.9
短期処方	3086	66.5	149.8

糖尿病	人数	平均年齢（歳）	初期HbA1c
長期処方	903	63.1	7.4
短期処方	1051	66.1	7.8

脂質異常症	人数	平均年齢（歳）	初期LDLコレステロール
長期処方	943	62.4	145.2
短期処方	1291	63.4	149.7

（出所）アライドメディカル作成

尿病0・21、脂質異常症0・32で、患者の属性に有意な違いがないことがわかる。

そして、受診頻度が高いグループと低いグループの患者で、治療結果に違いがあるのかどうか統計的に調べると（図表7－4、図表7－6、図表7－7、168頁～172頁参照）、エンドポイントの起こり方には有意な違いがないことは既に述べた。最終的に重篤な病気に至る可能性が変わらないとすれば、手数料が安いグループの病院に行ったほうがよいことになる。何年も払い続ける手数料は半分になるかもしれない。

1人の生活習慣病患者を診療すること

で得られる病院の収入は、毎月診療すれば年に5万9160円なのに、3カ月に一度なら1万9720円に減ってしまう。だから病院側は診療する余力がある限りは、患者には毎月来てもらいたい。そして、医師は患者に1カ月後の受診を指示し、1カ月分の処方箋を渡せば、患者は毎月診療を受けに来なければならない。

生活習慣病の治療は毎日薬を飲み続ける必要があるが、医師の処方箋がなければ薬を入手できない。処方日数つまり次回来院するまでの日数は、医師が決めることであり、患者は関与できない。

処方日数は医師の裁量次第

主治医は医療サービスの需要をコントロールすることができる。しかし、普通のビジネス、例えばレストランであれば、シェフは需要をコントロールできない。宣伝や値引き、新作料理を提供するなどによって需要を喚起することはできても、それは間接的な行為に過ぎない。病院のように直接お客を来店させるような誘導は不可能である。

もしこの病院に患者が殺到し、医師が手いっぱいになり、患者を十分に診療できなかったり、長く待たせてしまったりしたらどうだろうか。生活習慣病のような患者の診療はなるべく減らし、全体として患者の待ち時間を減らすほうが、商売上有利になるだろう。患者をあまり待たせると、もう来てくれなくなるからである。

保険請求制度の下では、診療人数に余裕があると、生活習慣病のように定期的な診療が必要な患者も、それほど頻繁に診察の必要のない患者も同様に診療頻度を多めにしてしまう傾向があるように推察される。

病院ごとに平均すると、処方日数の長短が見受けられる。一方で、1つの病院を見ると同じ高血圧症患者に対して一定の受診間隔で診療をしているわけではない。同じ医師でも高血圧症患者に対し、それぞれ処方日数を変えている。患者の病状が安定しない場合、医師はより頻繁に診療したほうがよいと思うだろう。

患者によっては、医師の指示に従わず、毎日薬を飲まないとか、日々の生活態度が悪いとか、頻繁に面会して繰り返し指示をしたほうがよいなど、血圧や血液検査だけではわからない要素を加味して、診療の間隔を決めている可能性がある。

このように受診間隔は、医師の職能、すなわち数字に表れない経験や勘で決めていると思われる。とは言っても、多数の患者の平均として病院ごとの診療間隔がこれほど違うことに着目すべきである。

医師が投薬治療を始めると、最初のうちは頻繁に患者を診察する傾向がある。投与薬が患者に対し期待通りの効果を生んでいるかどうかチェックしなければならないからである。同じ薬を同じ分量だけ処方しても、人によって効き方は違う。患者によっては副作用が多く出ることもある。このような場合は、別の種類に取り換えたり、服用量を変更したりすることが必要になる。

治療当初は薬の処方日数が短くなる

このため、治療開始から数カ月間は頻繁に再診を行い、薬の処方日数も短くするのが一般的である。図表8－6は実際のカルテデータで生活習慣病の患者が診断から3年間に、1カ月あたり平均何度受診したか、それ以降はどうかを示したものである。

薬局では医師が発行した処方箋に基づいて何日分かの薬を患者に渡す。医師が処方箋に7日分と書いているのに、薬局で1カ月分の薬を患者に渡すことはない。患者が薬局でお願いしても、処方箋を書いた医師が了解しない限り処方の日数を変えることはできない。すなわち、処方の日数も完全に医師が決定している。

注意しなければならないのは、この統計結果はあくまで多人数の患者のグループを押しな

図表8-6　生活習慣病患者の月別平均来院回数（投薬後から3年間）

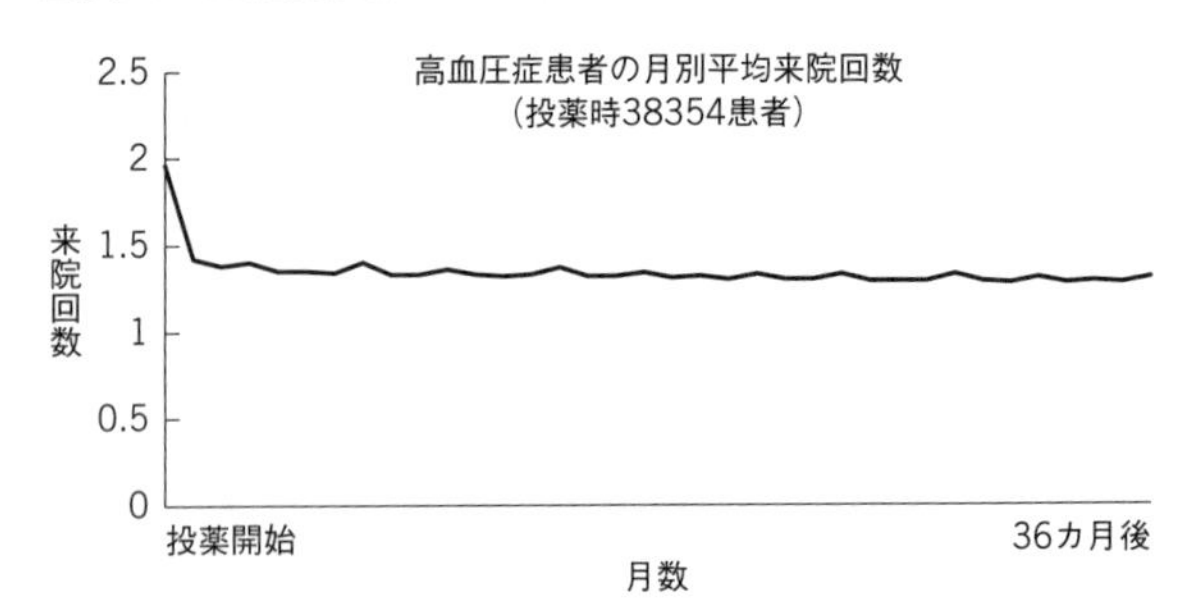

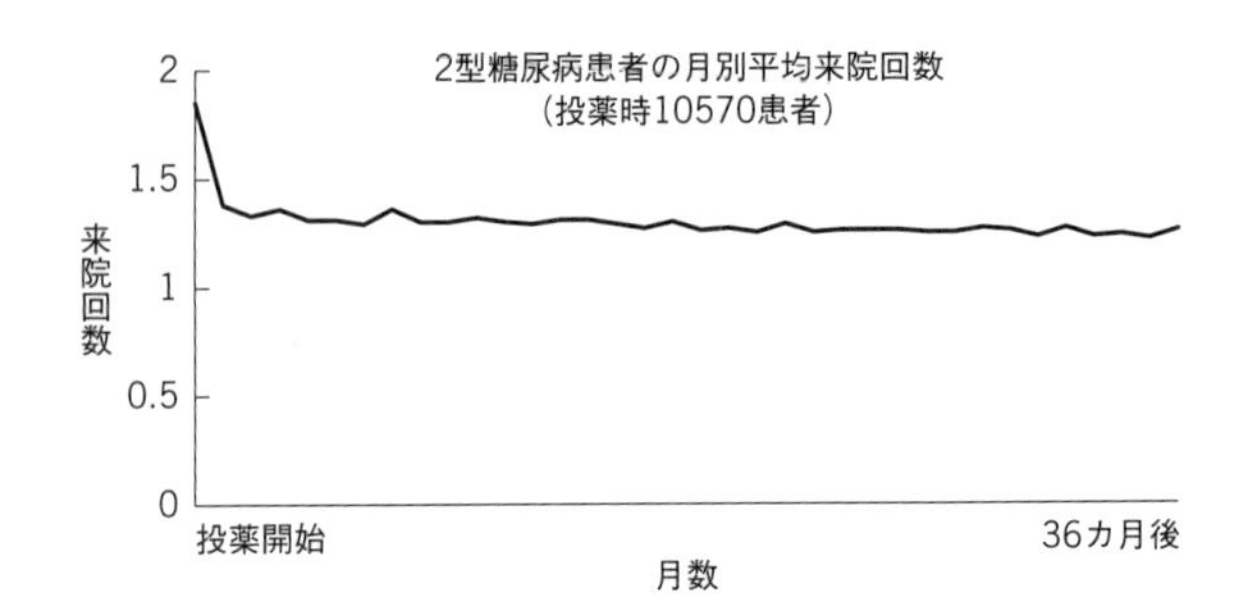

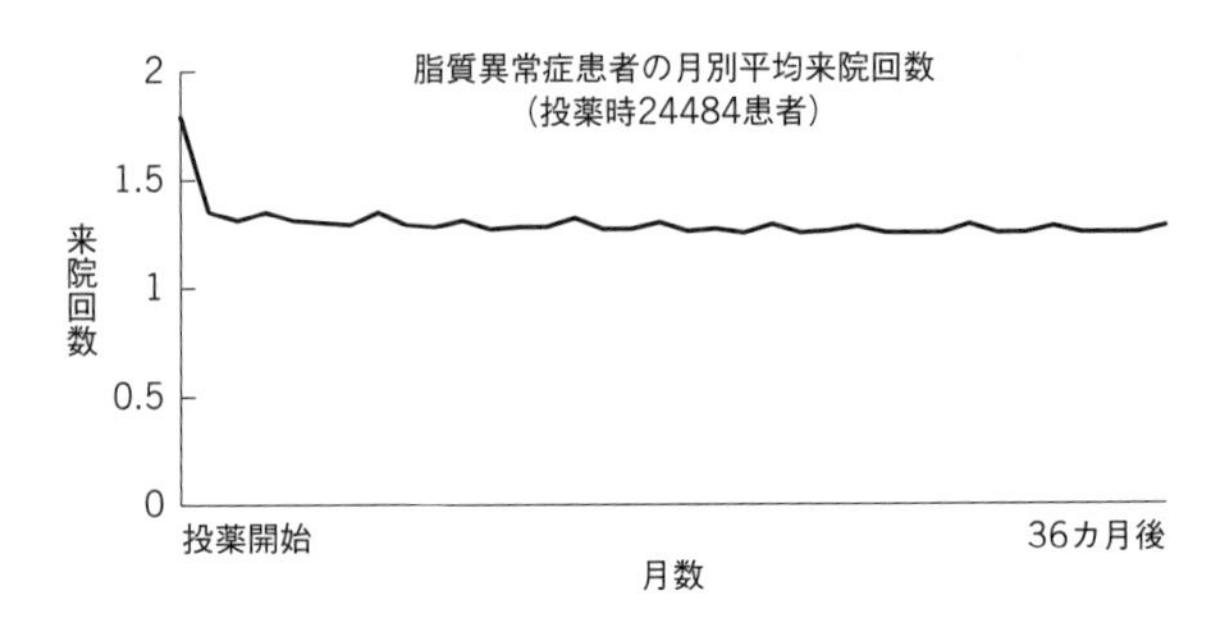

（出所）アライドメディカル作成

べて見たものである。患者を個別にみると、同じような年齢で病状が同程度であっても、医師は頻度の高い診療のほうがよいと判断する場合がある。

医師の指示をきっちり守らない患者を3カ月に一度しか診療しないと、その間、薬をちゃんと飲んでいない場合もあるし、患者によっては病状が不安定で、よく観察していないと状態が悪くなってしまう場合もある。医師は、患者と話して日々の生活状態や体調を聞いたり、顔色や話し方や動作を観察したり、検査データではわからない色々な情報を得て総合的に判断している。だから、ある病院での処方日数を見ると、平均の処方日数が長いとしても、個別の患者の処方日数は長短まちまちである。

生活習慣病患者に対する処方箋の処方日数の分布を、最近2年とそれ以前で比較したものが、図表8－7である。昔は14日処方未満が処方箋枚数の4割だったのが、最近では2割弱に減っている。1カ月処方は4割から6割に増加、1カ月を超える処方は1割から2割程度に増えている。全体に処方日数が長くなっている。特に2週間処方は劇的に減った。

この間、薬の性質が変わったわけではなく、医療費支払いの制度が変わったわけでもなく、医師が自ら行動を変えたのである。

図表8-7　処方箋における処方日数の変化　直近2年とそれ以前

高血圧症での内訳（%）

処方日数	2018年以前	2019-2020年
14日未満	6.85	4.23
14日	34.10	13.39
15-27日	5.24	3.90
28-30日	44.19	56.33
31-59日	6.18	13.17
60日以上	3.44	8.98

2型糖尿病での内訳（%）

処方日数	2018年以前	2019-2020年
14日未満	5.19	2.04
14日	30.33	12.98
15-27日	5.10	3.95
28-30日	40.03	48.69
31-59日	10.72	15.68
60日以上	8.61	16.66

脂質異常症での内訳（%）

処方日数	2018年以前	2019-2020年
14日未満	4.86	1.76
14日	34.51	11.10
15-27日	5.64	3.86
28-30日	44.72	60.56
31-59日	6.41	13.28
60日以上	3.87	9.45

（出所）アライドメディカル作成

結局、高価な治療はそれほど必要ない

ここまで長々と説明をしてきたが、まとめれば単純である。

生活習慣病の治療を行う理由は、血圧や血糖が高かったり、脂質が高すぎたり低すぎたりする状態を何年も放置すると、重篤な病気になる可能性が高くなるからである。生活習慣病の治療方法は、毎日薬を飲み、医師に定期的に検査数値をチェックしてもらい、場合によっては薬の量や種類を変更してもらうことである。

この治療には、医療費の高い方法と安い方法がある。両者の違いは薬の価格と診療頻度の違いで発生する。薬は新薬を使うと約3倍高くなり、診療頻度を3カ月から1カ月に上げると、手数料は3倍になる。

そして、安い薬を飲んでも診療頻度を低くしても、最終的に重篤な病気になる可能性は、高い薬で診療頻度を高くした場合と変わりない。

第　9　章

薬や治療の善し悪しはなぜ公表されないのか

ビッグデータ活用の努力は道半ば

ここまで読んでくださった読者は、薬の選択や受診間隔による治療結果の違いが、なぜ公表されていないのか、疑問に思うだろう。患者にとっても社会にとっても、健康維持と費用の両面でこれほど重要な情報が、なぜ調査、公表されなかったのだろうか?

実は厚生労働省は30年前から、調査・分析が可能になるカルテデータを収集する施策を講じてきた。薬剤・処置・検査に標準コードを設定したり、病名を統一してコードを付けたりするなど、地道な努力をしてきた。

それ以前は同じ病気であっても、学会や大学によって異なる名前を使うなど、きわめてでいい加減なところがあり、ビッグデータで分析することなど到底できない状態だった。それがコード化によって、日常使われる病名が2割程度にまで減った。つまり、それまでは同じ病気に5つくらいの別名がついていたのである。

医療機関が保険者から医療費を受け取るために作成する請求書(レセプト)は、昔は紙に書いて人が読み取っていたが、2006年からは、CSV形式でCDなどに記録する電子化された請求書が導入された。その後オンラインによる請求もできるようになり、2015年以降はほぼすべての医療機関がペーパーレスで請求を行っている。

請求書を受け取る側は、コンピュータで内容のチェックができるので、人が紙を見てチェックする手間が減り、厳密さも格段に向上した。

病院でも以前は、数百枚から1000枚を超す請求書を請求先順に印刷し、穴を開けて編綴し、付近の医師会や社会保険診療報酬支払基金（支払基金）、国民健康保険団体連合会に持参するということを毎月行っていたのを考えれば、劇的な進歩である。

医療行為や病名に統一されたコードがなければ、電子請求は不可能である。この面では厚労省の長年の努力は大きな成果を生んだ。

しかし、医療内容やコストの分析をするという目標から見れば、道半ばに過ぎない。レセプトとは、レストランで食事後に支払いをして受け取るレシートのようなもので、請求に必要な情報しか記載されていない。医療分析に必要なのは、いわばシェフ（＝医師）のレシピである。たとえば、所見や各種の検査結果などは請求とは無関係なので、レセプトには含まれない。

レセプトデータで薬の効果を調べると、おかしな結果が出ることがある。たとえば、高血圧症の患者で薬Aと薬Bの処方結果を比べたところ、Aを処方している患者のほうが後日、心臓疾患を起こす比率が高かった、すなわちAのほうが悪い成績になったとする。しかし、医師はもともと血圧が非常に高く心臓が悪くなりそうな患者に薬Aを処方し、血圧の値がそれほどでもない患者にBを処方していたかもしれない。

正確な統計分析をするためには、同じ程度の病状の患者だけを選んで結果を見るべきである。このようにして比べれば、実はAの成績のほうが良い可能性もある。レセプトデータでは初期の病状のレベルはほとんどわからないし、医師が何を考えて薬を決めたかもわからないから、薬の効果を比較する分析は不可能である。カルテはシェフのレシピだが、レセプトデータはあくまでレジの請求書に過ぎないのである。

電子カルテは理想だが

カルテのデータを使えば医療分析が可能になる。市場では数十社の電子カルテメーカーの製品が普及している。データの様式は各社異なる上に、大半はレセプト作成を主な目的とした内部構造になっている。医療の記録ができるような形では情報が保存されておらず、データを取り出すのは難しい。レセプトのように規格化された様式でデータを扱えないため、ビッグデータとして統計分析するのは難しい。

前述のように厚労省はレセプト電子化のため、病名や薬剤などすべての請求項目に公的なコードを付与した。統一コードが導入されたことで、医療データ解析のための最も重要な基礎はできた。その点でレセプト電子化は大きな前進であったが、電子カルテ規格の統一ははるか彼方の課題である。

厚労省が提示している電子カルテ規格は、使い勝手が良くない上に、電子カルテメーカーにとっては開発に手間がかかる割にメリットはなく、普及しないままになっている。

レセプトの場合、規格に基づいた情報を提出しないと、病院は健保組合、国民健康保険組合、市町村などに対し医療費の請求ができないから、病院の経営に直接かかわる。しかし電子カルテの規格化は病院の経営にかかわる案件ではないから、病院はやろうとしないし、役所も強権を発動する手がかりがない。公的な調査統計が存在しないのはこのような理由による。

公的医療保険にも査定はある

火災保険や損害賠償責任保険では、ユーザーは保険会社に保険料を支払い、家が火事になったり、車が事故に遭ったりしたら、保険会社（保険者）に損害額を請求してお金を貰い、家や車の修繕・修理に充てる。

もし、修理代が100万円だったのに、保険者に200万円請求したら、保険者は損をする。請求する側は損害を賄ったうえにさらに100万円利益を得ることになる。これは、保険の趣旨に反するし、保険会社もそのような余剰の損害額を支払うことを勘案せずに毎月の保険料を計算している。

すなわち、保険者は契約者から請求された金額をそのまま支払うわけではない。請求額が妥当なものかどうか調査をする。その結果、請求額が大き過ぎると判断したときには減額する。

損害賠償額が妥当であるかどうかを調べることを査定という。保険会社には査定専門の部門があり、多くの人が日々、保険請求額の妥当性を調べている。自動車の修理なら、その自動車がもともといくらだったのか、事故の写真や現物の確認、修理会社の見積り書類などをもとに保険金額を査定し、実際に支払う金額を決める。

では、医療の場合はどうなのか？　健康保険などの公的医療保険も保険である。保険に加盟している人、すなわち被保険者が、保険料を毎月支払っている。支払い先は、健保組合や市町村などの保険者である。

被保険者が病気になり病院に行くと、自動車事故で車を修理して修理工場で費用が発生するのと同じように、病院で医療費という費用が発生する。病院は医療費の3割を患者に請求する。自動車保険では免責というのがあり、修理代の一部を保険者が支払わず、被保険者が自己負担することがあるが、病院で発生した医療費用の3割は、保険が適用される場合は保険者ではなく、患者が自己負担する。7割は保険者が病院に対し直接支払う。

では保険者は医療費を査定するのだろうか？　もちろん行っている。

たとえば、胃が悪くて受診した患者に、血圧が正常なのにもかかわらず血圧の薬を処方すると、査定の後に保険支払いを否認される。せいぜい週に一度行えば十分なリハビリテーションを毎日行ったら否認される。処方箋を発行する手数料を法定値段より高く請求すると、否認される。

実際には1000を超える請求条件が決められており、2～3センチくらいの厚さの冊子に書かれている。この請求の決まりから逸脱した請求をすると、患者ごとにコンピュータで自動チェックされる。正しくない請求をした請求書は突き返され、病院はその患者の医療費の7割を貰えなくなる。

なお公的医療保険の世界では診療内容や請求がルール通り正しいかの「審査」を行い、適切ではないときは「査定」して請求者に戻したり減額または否認したりする。民間の保険と用語の使い方が少し異なるので、本書ではここ以降、公的医療保険の用語を用いている。

公的医療保険の審査は形式さえ合えばＯＫ

ここで、大きな疑問が起こる。高井君と安田君の医療費の比較をもう一度思い出してみたい。高井君の医療費は年間15万７４５円、安田君は3万８６９０円だった（93頁参照）。彼らは同級生で同じ年齢、病気も同じ糖尿病である。それなのに医療費は4倍である。自動車修理でいえば、同じクラスの車で破損の場所も程度も同じくらいなのに、修理代が4倍も違うということになる。

どちらの病院も請求した医療費は査定もされず、全額受け取っている。分厚い請求マニュアルに従っているのに、なぜこれほど違いが生じるのだろうか。自動車保険とどこが違うのだろうか？

請求を見てみよう。薬はそれぞれ開発する段階からどのような病気を治すのかを決めていて、製品化されるときにはその薬の使用目的となる病気、症状を決めた上で販売する。ある薬の治療目的である病気を、適応症と呼ぶ。薬の発売時には法律によって適応症が決められている。適応症に合わない薬を使うことも医師の自由なのだが、保険では薬代は支払われない。

たとえば、頭痛の患者に胃の薬を処方することは医師の自由だが、医師がカルテに病名として頭痛としか書いていなければ、保険では支払われない。病院から保険者への医療費請求書であるレセプトには、患者の病名と実施した治療行為や薬などの名前を書かなければならない。

そして保険者は、病名と治療行為や薬などが決められた適応症に合致しているかどうかを審査している。現在はすべての医療行為、薬、病名には官庁により全国統一の番号が振られており、審査はこの統一コードを利用してコンピュータで厳しく行われる。ここだけ見ると、公的医療保険の審査は自動車保険よりはるかに厳しいように見える。高井君と安田君の医療費の疑問がますます深まる。

生活習慣病はほとんどの場合、薬で治療するが、その薬は適応症が同じであっても、前述のように3倍から6倍も価格に違いがある。適応症に合致しない薬を使うと査定されるが、適応症の範囲である限り、価格の高い薬を使うことは医師の自由である。なぜその妥当性を査定しないかといえば、本当の薬の効能を知らないからである。

高い薬が安い薬に比べて、価格に応じた効能があるのかどうか、全く気にしないで審査して支払っているのが現状だ。前に述べたように、薬の効果を知るにはシェフのレシピであるカルテのビッグデータが必要で、レジの請求書であるレセプトデータでは無理である。

生活習慣病の治療費用を大きく左右する診療間隔についても、短い診療間隔であっても査定されることはない。これも医師の自由なのである。

本書では、生活習慣病の診療の間隔が30日でも90日でも、最終的に重大な病気に至る可能性に違いはないと統計的に実証した。実際に生活習慣病の治療で、同じ病気、同じ年齢、同じ程度の病状の患者を比較すると、病院によって診療間隔は最大3倍違う。それによって、高井君と安田君のように、病院が請求する手数料が3倍違ってくる。しかし、査定の対象にはならない。これが健康保険の審査の実態である。

こうした審査の規則はすべて官庁が、医師会や健保団体などの関係者の意見を聴いて作ったものである。治療費を支払う主体の保険者は、民間企業の一部である保険組合か、国民健康保険の場合は市町村である。これらの保険者、すなわち医療費を支払う主体は、官庁が作った審査規則を受け入れ、それをパスした医療請求にはほとんど文句を言わず、支払いを行っている。

では単純に薬の価格や診療間隔を審査の対象にすればよいかといえば、そうではない。値段の高い薬を使うかどうかや診療間隔の頻度を決めるのは医師であり、審査の対象にはならないからである。

しかし、実は患者側にもできることがある。最終章ではそれを考えてみたい。

第 10 章

患者と保険者の行動が
医療を変える

日本の医療は自由市場とは言えない

大局的に見れば、保険制度下における日本の医療は、自由な市場とは言えない。医学部の設置認可を通して医師の供給が制限され、病院の設立やベッド数の増加も制限されている。また、薬や医療サービスの価格は法令で決められており、どの地域でもどの病院でも同じである。

入院をしても、部屋代や看護の手数料は入院基本料という法令で決められた料金になる。入院基本料は医療機能の充実度合いにより数種類ある。それぞれについて部屋ごとの人数や看護の手厚さにより、さらに数種類に分類される。全体で見ると数十種類あるが、同じ種類であれば有名病院や無名病院にかかわらず、同じ価格となる。

お金持ちや有力政治家が豪華な部屋に入院している場面がテレビドラマに出てくるが、これは差額ベッドといって法定価格に加え部屋代の差額がかかる。差額は医療保険からは支払われないから、自費で支払うか、生命保険の付録や入院保障保険などの民間保険、すなわち公的医療保険の枠の外で支払うことになる。

差額ベッドや保険外の自由診療を除けば、すべての医療行為、材料の価格は公定価格になる。値引きもバーゲンセールもない。また病気ごとに使ってよい薬は法令で決まっている。心臓治療に腎臓用の薬を使ったら公的医療保険では支払われない。

ここまで見てくると、日本の公的保険を使った医療は自由市場ではなく管理市場に思える。法令で決まった価格や、法令で厳格に決められた薬の使い方は、他の産業や市場では見ることができない、高いレベルの管理だろう。

しかし、規制があるから自由がないわけでもない。

レストラン業界を考えてみよう。カレーの店はたくさんあり、カレーの価格はまちまちである。オーナーは自由に価格をつけて客に提供している。価格のつけ方の自由度は医療よりもレストランのほうが圧倒的に大きい。

一方で、医療において自由な面もある。たとえば糖尿病の治療法は数多くのバリエーションがある。薬も8種類ほど異なる機序があり、値段もさまざまなものがある。医師は自分の裁量でどの薬を選んでもよい。薬をまったく使わない治療法もある。

また、診療の間隔は医師の自由裁量で決めることができ、これは前述のように病院の手数料を大幅に変動させる。つまり、医療では個々の材料の価格は規制されているが、提供するサービス、すなわちどの薬を使うか、どのような検査をするか、どの程度の頻度で診療するかについては、自由度が高い。

レストランも医療も規制の下での自由

さて、レストランは医療に比べるとはるかに自由度が高いように思える。しかし、実はそうでもない。

材料や調理法はシェフが選ぶことができるが、おいしくなるからといって、あるいは安いからといって、体に悪い材料や調味料を使うことは法律で禁じられている。食中毒を起こしやすいものを使ったり、そのような方法で提供したりすることも禁じられている。

約90条にも及ぶ食品衛生法という法律がある。食品にかかわる者はこれに準拠しなければならない。その意味で、レストランは自由きままに料理を提供できるわけではない。海外では、肉まんの具を段ボールで増量する飲食店があったと報じられたことがある。事実かどうかはよくわからないが、日本では信じられない話だ。

1948年に食品衛生法が施行される前は、日本でも粗悪な偽物食品が売られたり、まがいもののアルコールで、人が病気になったり亡くなったりする事件があったようだ。

近代社会に生きる私たちはほとんど意識することはないが、レストランも規制のもとに食事やサービスを提供している。よく眺めてみればレストランに限らずどのような業界も何らかの規制がある中で経済活動をしているのである。

医療の自由度をレストランと対比して考えてきたが、生活習慣病治療の方法や診療頻度については、医療の自由度は高いとも言える。

患者に自由はあるか

では、サービスを受ける側の受益者、すなわち患者の自由度はどうだろうか？

レストランで考えてみると、客は店を自由に選ぶことができる。しかし、いったん店に入ったら、料理の材料や料理法を客が選ぶことは原則できない。

カレー店で辛さや量を注文する程度のことはよくあるが、料理がまずいとか、値段に見合わないと思っても、客が店に指図をするのは歓迎されないので、出された料理を受け入れるしかない。客ができることは他の店に行くことである。

医療も全く同じである。糖尿病治療のために通っている病院で、医師に対し治療方法や薬の種類を注文することは普通できない。しかし、患者が意図すれば、法令や制度による制限を受けずに、別の病院に変えることは自由にできる。したがって、受益者側が潜在的に（あくまでも潜在的にだが）持っている選択の自由度は、病院もレストランも同等と考えられる。

ここで市場メカニズムの働きについて考えてみよう。普段の生活では市場メカニズムを意識することはあまりないが、私たち消費者は日々、市場メカニズムの一部として組み込まれ動いている。

近くのスーパーマーケットA店でキャベツ1玉を200円で売っていた。別のスーパーマーケットB店ができて、キャベツ1玉を180円で売り出した。SさんはB店でキャベツを買った。B店のキャベツはA店と比べておいしさ、鮮度、大きさに変わりなかった。だから、SさんはもっぱらB店でキャベツを買うようになった。

しばらくすると他の客もそれに気づき、多くの客がB店で買うようになった。そのうちA店のキャベツの売上が激減した。

Aの店長は激減の理由がB店だと気づいて、値段を170円に下げた。この結果、A店でキャベツが売れるようになった。B店では今まであんなに売れていたキャベツが急に売れなくなった。Bの店長はA店での値下げが原因と気づき、キャベツの値段を下げることにした。

A店より安く160円くらいにしたいと考えたが、それでは販売量は増えるだろうが、利益が減ってしまう。170円なら今までよりも売れる量は少なくなるが、そこそこの利益を稼ぐことができる。そこで、170円にすることにした。

最終的にこの地区におけるキャベツの市場価格は170円になった。新たにC店がこの地区に開店したとしても、同じおいしさ、鮮度、大きさのキャベツなら190円の値段をつけることはないだろう。その価格ではあまり売れないからである。

これが市場のメカニズムである。すなわち、誰もキャベツの価格を指示するわけでないのに、ある価格に落ち着いた。供給者には自由があり、客もどの店で、いくらで購入しようと勝手であり、自由がある。

医療に市場メカニズムは働いているか

では、医療サービスの提供側である病院も、サービスの消費者である患者も、スーパーマーケットと同様にかなりの自由度があるにもかかわらず、なぜ、我々は、医療が自由な市場と言われれば、それに違和感を覚えるのだろうか？　ここが一番重要な疑問だ。

医療はレストランほどでないかも知れないが、サービスを提供する側も受ける側も、自由な選択をすることができると論じた。しかし、本当は自由な市場が成り立つためのもう一つの重要な要素が、医療には欠けている。自由な市場とは供給側と消費側に選択の自由があるだけでは不十分なのである。

キャベツの例をよく考えてみよう。

Aの店長はもともと２００円で売っていたが、それを１７０円に値下げするという行動をとった。その行動をさせたのは実は客たちである。

今までA店で買っていた客の多くがB店で買うようになり、A店での売上が減った。Aの店長は、その売上減少に反応して価格を下げた。客たちがA店からB店に購入先を変えるという行動がなければ、A店は価格を下げることはなかった。

Aの店長がB店の売り場を覗いて価格を調べたことがきっかけと思うかもしれないが、そうではない。もし客がB店のキャベツを食べてみて品質が悪いと思ったとしたら、やはりA店で買い続けるだろう。客の行動がない限り、A店の価格は下がらなかった。

このように、客の行動は市場価格形成のための重要な役割を持っている。そして、客の行動とは、実際に食べて、味や新鮮度や分量を確かめて、価格の違いに見合うものかどうかを判断することである。

その判断は複雑で面倒で主観的なものであり、秤で単純に測れるような簡単なものではない。しかも、そのような判断を行う客が何百人も日々活動した結果として、市場価格が形成される。その中にはA店のほうが良いと判断する人もいるし、反対の判断をする人もいる。しかし、それらの総体が市場を形成する。

このキャベツの話は架空の話と思わないでいただきたい。これは毎日起こっている現実の出来事である。スーパーマーケットは野菜や魚、それぞれのグループの中で売上の過半を占める商品に関しては、売上のトレンドを毎日調査し、価格や置き場所、グレードや仕入れ量、仕入れ先を変更している。

平均的なスーパーマーケットでは売上の7割を占める主要商品だけでも500種類もあり、それらの売上状況を見ながら常に調整を行っている。私たちには直接見えないが、大変な労力と知力を投入して調整を行っている。

それらの行動は、消費者という強力な媒介者が促している。店頭を見て回ったり、金曜日に郵便受けに入るチラシを注視したり、実際に料理し、食べて品質を評価することを毎日行っている。そのベースには自分で稼いだお金を有効に使うという真剣な姿勢がある。

スーパーマーケットのみならず、販売、生産、流通、サービスなど、すべての経済活動でこのような労力と知力が毎日注ぎ込まれている。だから、自分の財布にかかわりのない行政機関の一握りの人たちが生産や価格を決めてしまう管理経済では、まともな市場が成立しないのは当然である。

医療の世界では消費者が市場形成に関与できない

医療はどうだろうか？

高井君と安田君の例を思い出してほしい。両君はたまたま診療を受けた日に集まる機会があったので、医療費を比較できた。このような機会は、現実にはまずない。

普通は、それぞれ別の日に診療を受けて請求書を受け取っているが、家でどこかの引き出しに入れ、2、3日も経てば請求額を忘れてしまう。両君が会ったとしても医療費を比較するような話題にならないし、話題になったとしても金額はうろ覚えである。さらに、両君の処方日数の違いまで考慮して1日当たり医療費のような比較可能な金額に換算することもない。

すなわち、値段の比較という消費者の活動が行われない。

キャベツなら買って食べてみて分かるが、糖尿病の治療ではこの比較ができない。生活習慣病治療サービスの比較は、前述のとおりどちらが最終的にエンドポイント、すなわち重大な病気になる可能性が低いか、ということである。

処方された薬が、エンドポイントに照らし合わせて効果が良いのかわからず、頻度高く診療を受けるほうが病気になりにくいのかもわからない。

高井君から見れば、単純に安いという理由で安田君のほうが良いという判断はできない。だから、高井君は消費者としてサービスを購買する病院を変更する自由があるものの、病院を変更することはあまりない。

高井君が通っている病院のほうも、高い薬の効果が値段に見合わないとか、毎月診療しなくても病気が悪くなることはないとうすうす思っていたとしても、診療回数を減らして病院の売上を下げるようなことはしたくない。

つまるところ、消費者が医療サービスの効果を評価できないことが、市場機能が働かない理由なのである。逆に、それさえできればキャベツと同じように市場が成立する。

消費者は市場形成の主人公の役割を果たせるか

生活習慣病についていえば、薬であっても診療間隔であっても、本当の治療効果、すなわちエンドポイントがわかるのは、治療を開始してから5年後である（実際にはエンドポイントとなるイベントの95％は2年から9年の間に起こる）。

そのうえ、効果の低い治療法を選んだとしても、重病になる可能性は数％に過ぎない。患者が自分でこのようなことを評価するには、ある薬を5年間飲み続け、次に別の薬をさらに5年間服用する実験をしなければならず、現実的ではない。

薬や診療頻度を正確に比較するには多人数のデータを統計処理する必要がある。前述のように患者の年齢や診断時の病状によっても結果が大きく変わるので、同じ年齢、同じ病状で、薬だけ違う2つのグループを作らなければならず、元になる患者数はその数倍が必要だ。

だから、個々の患者が自分で効果を判断することは不可能である。

健保連が「特定疾患療養管理料」の減額を要求

病院の手数料の半分を占める「特定疾患療養管理料」は、生活習慣病の患者に対して1カ月に2回まで請求できる。請求マニュアルには、医師がおおむね5分以上、患者と話をして、患者の容体を把握し、カルテにそのことを記載する場合に、この手数料を請求してよいと書いてある。

1300を超える健康保険組合の団体である「健康保険組合連合会」、略して「健保連」と呼ばれる組織は、高血圧症および脂質異常症について実際の医療請求データをレセプトから集計した結果、診療所ではこの特定疾患療養管理料を平均で約1カ月に一度請求しているのに、病院では2カ月に一度しか請求していないことが分かった。医療法の定義では「病院」とはベッド数が20床以上の医療機関で、19床以下の小規模な医療機関を「診療所」と言う。

このため健保連は、諸外国のガイドラインではこれらの病気は数カ月に一度の経過観察をすればよいと言っていることなどを論拠として、1カ月に2回の特定疾患療養管理料の請求は多過ぎると考え、厚労省に対し同管理料の請求可能な頻度を月に2回でなく、2カ月に一度くらいに減らしてほしいと提言したことがある。

これに対して医師の業界団体である全国保険医団体連合会は、「約2割の医師が、患者の容態の変化について、5週以上の比較的長期の処方が原因で気づくのが遅れた経験がある」という日本医師会系のシンクタンクによる医師アンケート結果などに基づき、病状の安定および服薬管理が可能な点を医師が確認しない限り、原則30日以内に再診を行うことが重要と言って健保連の提言に激しく反論した。

では、どちらの意見が正しいのだろうか？　実は両方とも正しい。正しくないのは問題の設定である。

まず、医師会が主張しているのは、患者の容体が急に変わることがあるので、頻繁に診療の手数料をとることを制限するのは不当というものだ。その一方で、容体が安定していて薬を処方通りちゃんと飲んでいる患者なら、毎月複数回のような頻繁な診察をする必要はないとも言っている。

つまり、患者の健康を保つには医師が患者を見極めたうえで医師が診療の頻度を判断しなければならず、結果として月に2回の診療を行ったとしても、その手数料は支払われるべきだ、と主張しているのだ。

医師は6年もの専門教育を受けたうえで、さらに何年も見習いをして、普通の人にはできない特殊なことを行う専門職である。患者の容体についても、その変化が起こりやすいのか、そうでなく安定状態なのかの高度な判断をしていると自負している。

一方で医師は患者の健康に対する大きな責任を持っている。診療の間隔を規格化したら、頻繁に経過を観察しないと危ない患者や、きっちりと薬を飲まない患者もいる。医師が後でこの状況に気がついても、診療間隔の規格に従っていたので対処が遅れたと言って、責任を持たなくてよいことになりかねない。

病院による診療間隔の違いが意味すること

一方、健保連の主張はどうだろうか？　健保連は2016年を中心に行った2年間のレセプト分析で、「分析対象施設の約24％では、各施設内の過半数の患者に対して8週間以上の長期処方を行っている一方、長期処方を行った患者が1人もいない施設も1・4％程度存在する」とも指摘している。

医師が患者に対して決める診療頻度が常に正しいとは限らないが、同じような病気の患者に対して、病院のほうが診療所と比べ平均的に診療頻度が低い（つまり長期処方の傾向が強い）ことも、健保連はレセプト集計によって調べている。諸外国のガイドラインでは、生活習慣病の経過観察は数カ月に一度となっていることも加味すれば、日本ではもっと診療頻度が低くてもよいのではないかと健保連が思うのは自然である。

確かに、家から比較的遠い病院と近くの診療所では、通院のしやすさが診療頻度に影響している面があるかもしれない。しかし1つ重要なことを思い出してほしい。既に述べたように、病院ごとに診療頻度の傾向が大きく異なっていることだ。この処方日数の長短が病院の収入に多大に影響している可能性があると考えるのは自然だろう。

医療の市場機能、消費者機能とは

健保連と医師会の議論を続ける必要はあるだろうが、いくら続けても収まることはないだろう。こうした議論は時々の互いの力加減によって揺れ動くものだ。

答えに行き着くには、問題の設定が答えに向かって収束するように作られていなければならない。それには、誰かがカルテデータをたくさんの病院から収集して分析を行い、薬の効果を比較したり診療間隔による効果の違いを調べたりすることが必要だ。それによって市場形成に欠けている消費者の機能を取り戻すことができる。

そして製薬メーカーや病院の立場も尊重している官公庁がこの役割を果たすことは難しいだろう。自分の財布を見ながら価格とその効果を真剣に天秤にかける消費者としての判断ができるのは、患者であり保険者しかない。

しかし、患者が薬の効果を調べることは無理である。この点は、キャベツを品定めすることとは根本的に異なる。

情報の非対称性の議論

「情報の非対称性」は、さまざまな経済分野で議論される概念である。もともとは米国の経済学者が論文の中で使い出した「information asymmetry」らしい。

分かりやすく解釈すると、売り手が情報を持っていて買い手が情報を持っていないとき、市場機能はうまく働かず、合理的ではない価格で取引されてしまう、というようなものと考えてよい。

市場機能とは売り手と買い手が価格交渉し、買い手がその中から選ぶことによって取引を成立させる、という機能である。自由な市場経済ではこの市場機能によって物の価格がその価値に見合うリーズナブルなものに落ち着くと考えられている。

医療では、売り手側である医師が病気と治療法の知識を十分に持ち、買い手である患者はその知識がないので、「情報が非対称」であり、そのため市場がうまく機能しないという議論がある。悪性のガンになって、病院で治療方法と費用の説明を受けたとする。この治療が妥当なのか、高すぎるのか安いのか、あなたにはわからない。これが情報非対称の状態である。

あなたは病院の言うとおりに治療を受け、医療費を支払うとする。このとき、あなたが本来必要な質と量以上の医療を受け、必要以上の医療費を払ったとすると、これは「市場の失敗」となる。経済理論では市場をうまく機能させれば経済効率が良くなると考えられている。治療の経済効率とは、同じ健康を取り戻すのに最も出費が少なくて済むようになることである。だからこの例は市場の失敗に相当する。

ガンのような大きな治療を要する病気にかかると、患者は何度も病院に行って検査や診察を受けることになる。最初に訪れた病院で行った検査結果、X線などの画像、医師の判断、治療計画などを書類にしてもらい、それを携えて他の病院の意見を聴くこともできる。これはセカンドオピニオンという制度で、書類を作成する病院はその手間賃を医療保険に請求できる。

しかし、患者が情報を携えて他の病院に意見を求めに行く場合、その費用は保険では出ない。病院は患者が持ってきた書類を見て意見を言うときに、料金を患者に請求する。病院や所要時間により料金は異なるが、一般に数万円かかるようだ。

また、同じ病気にかかった人の治療記録や価格を聞けば、自分の治療や値段を比較することもある程度できる。しかし、実際には同じ病気の友人や家族は少ないし、それぞれ病状や病歴や基礎健康状態も違うので比較は難しい。このように、ガンのような病気では、制度としては患者の選択ができるとはいえ、現実的には市場機能は働かない。

高血圧症、糖尿病、脂質異常症のような病気ではどうだろうか？　家族や友人の中に、このような病気の人はたくさんいるだろうが、正確に比較しようとすると、病気は同じでも、同じ病状、年齢、病歴、他の病気の状態などの条件が同じでなければならない。病状が重ければそれだけ治療や検査の量や薬の種類や量も変わるし、病歴によっては使えない薬もある。

だから個人が自分で比較するのは難しい。高井君や安田君でもできないことだ。

だが電子カルテのデータを広範囲に集めたビッグデータがあれば、たくさんの患者の中から条件が同じ患者を集めることができ、それらの患者の治療方法や治療費や治療結果を調べることができる。この結果をみると自分の受けている治療や費用が、どのような位置づけなのかが判断できるだろう。ガンの場合はいろいろな病院をあたるのは大変だが、慢性疾患の場合は一生治療を続けるのだし、病院をいろいろ選ぶことも現実的にでき、市場機能は働くと考えられる。

情報の非対称性のために医療では市場が成立しにくいことは、間違いではないが、すべての医療分野で当てはまるわけではない。

生活習慣病を代表とする患者数の多い病気では、市場機能は働き得る。ありふれた病気ということは、かなり大きな医療費を消費している病気ということであり、市場機能が働く規模は結構大きい。

健康保険組合など保険者の役割

健保組合などの保険者は医療の消費者の集合体である。保険組合員が受けた治療に対する病院からの請求書をすべて持っている。請求書には処方された薬剤一つ一つの名前や価格と投与量が正確に記載されているし、病院が行った処置や病院が請求した診療手数料や各種の手数料の明細が完全に網羅されている。それぞれの患者を診断した病名も記載されている。

これだけでも相当なビッグデータである。

さらに、組織力を使って多方面からカルテ情報を収集することもできるだろう。たくさんのデータを収集して病院のコストと成果に関する十分に科学的根拠のある分析ができる。これを保険組合員に知らせることにより、キャベツをどこで買えばいいのかを活発に調べる客のような患者の行動を起こし、保険者と健保組合員が一体となって市場を形成する消費者の役割を果たすことができるのではないか？

高井君の所属する健保組合が病院を分析した結果、高井君と同じ病気で同じ程度の患者に対して、長い日数の処方をしている別の病院が見つかったとする。健保組合がその分析結果を高井君に見せて、その病院からセカンドオピニオンを得るように高井君にアドバイスすればよい。

そうするかどうかは高井君の自由であるが、高井君が別の病院の診断を受けたところ、長い処方日数でも問題ないと医師が判断したとする。高井君は、その病院は場所も悪くないし接客も良いので、次回からこの病院に通うことにした。

これで市場機能が働くようになる。健保組合も高井君も、高井君の健康状態を変えずに、医療費を節約できる。

逆のケースもある。安田君は定期健診で血糖の検査値が少し高めだった。健保組合は別の病院をアドバイスし、安田君が行ってみると、医師はもう少し血糖を下げたほうがよいと考え、別の機序の薬をもう1つ追加した。安田君の医療費は少し高くなるが、重篤な病気になる可能性は少なくなるかもしれない。

健康保険組合を運営する人たちにこの話をしても、そんなことは前例がないし、できないと考えるのが一般的かも知れない。保険組合ができて以来50年以上にわたり、実際にやったことがないのだから仕方ないのかも知れない。保険者はそのような活動を法律で制限されていると思っている人もいる。

しかし、健康保険法はこのような市場活動を制限してはいない。近頃は、医療制度としてもセカンドオピニオンを求めることを患者に奨励しているが、これはいろいろな店でキャベツを選ぶ行為と本質的に同じであって、市場機能を促進することにつながる。

保険者は長らく自縛状態にあり、市場活動をしてこなかった。供給側の力によって消費者の活動が抑制されてきた可能性もある。

国民皆保険制度の下に流れる国民意識

日本の皆保険制度というのは、端的に言えばお金で命を買うことのできない制度である。良い治療を受けたいと思っても、お金がそれほど役に立つわけでもない。逆の場合もある。日本では、収入が少ない人でも良質の医療を受けることができる。要は国民全体として収入にかかわらず平均的な医療を提供しようという制度である。日本に比べ、平均賃金や1人当たりのGDPが多い国よりも、日本の平均寿命がはるかに長い事実にこれが現れていると思われる。

どちらが優れているとは言えず、長い歴史と文化に根差した国民の選択によって形成された制度の違いである。日本の皆保険制度は1961年に作られた。それ以前は、お金持ちは高い薬を買って生き残ろうとし、貧しい人は薬も買えず病院にも行けずに亡くなることが多かったという。私たち日本人は、周りにいる知人がお金を払えずに亡くなっていくのを見るのが嫌だったのだろう。その結果、皆保険制度を導入し、60年間守ってきた。

その間、先進国の中には医療制度がうまく機能せず、健康保険を刷新したり新制度を導入したりした国も多い。中産階級であっても多くの人が医療保険に入っておらず、病気を我慢し手遅れになって死ぬことが多かったアメリカでも、クリントン大統領時代に皆保険を目指したが、あまりうまく根付かず、議論が続いている。

国民全体の幸福度を高めることを国是とし、それを国民が受け容れるのであれば、皆保険制度は適しており、選択としては正しいと見なすべきだろう。日本の皆保険制度が今も成り立っているのは、日本の長い歴史を経て醸成されてきた国民の意識に根があるからと考えられる。この意識は簡単には作れない稀有で貴重な財産である。

医療費を効率化すればもっと幸福度を上げられる

どのような市場でも、良い状態に保つには規制や介入が必要である。規制をせずにすべて市場機能に任せると、お金持ちだけが生き残るような医療になってしまう。

日本の保険制度は、規制や介入を十分に行ってきた結果、国民が所得や社会的地位に関係なく、平等に医療を受けることができる制度だ。規制の網を精緻に作り、それを日々調整改良しながら最適化を追求してきた結果だろう。

一方で、経済行動を制限すると、経済の効率が悪くなる。

高井君と安田君は糖尿病の治療で、受ける薬も診療間隔も違っており、自己負担金だけ見ても、高井君は安田君より、年間に約3万3700円も多く支払っている。高井君が3万3700円を余計に払う意味や対価はあるだろうか？　保険者が負担する分も加えると、年間に10万円以上もお金を費やしていることになる。

このお金を使っておいしいものを食べたり、好きなものを買ったりするほうが、高井君の幸福度は上がるかもしれない。

このように、国民の出費を合理的に配分することによって、全体として幸福度を大きくすることが、経済の最適化である。

生活習慣病に関しては、現行の保険制度の下でも、医療の供給と消費（受診）に市場メカニズムを加えることによって、医療費をもっと適切に使うことができる。利害関係者も受け入れざるを得なくなるだろう。

現在の健康保険制度のもとで市場機能を働かせる

日本の健康保険など公的医療保険による医療制度は、自由な市場経済を前提にしている。

医療機関は患者に対し、どのような医療行為をどの程度提供するか、自らの判断で自由に決めることができる。一方、患者も、どの医療機関を受診するかを自由に決めることができる。提示された治療を拒否することもできるし、医療サービスに満足できなければ、他の医療機関に移ることもできる。これは自由な市場を土台にした医療である。

外国では、病気になったとき医療保険を利用するなら、特定の医療機関を受診しなければならないという仕組みもある。消費者を市場の一極と考えるなら、このような保険制度は自由な市場を土台としてはいない。消費者の選択の自由を制限しているからである。

一方で、日本の保険医療は厳しく規制もされている。薬や治療行為の価格は国によって厳格に決められている。価格を交渉しても値引きはしない。また、医師は自由に診療できると言いながら、患者の病気に対して使える薬の種類は決められている。医師がそれ以外の薬を使うことは医学的に適切であれば自由だが、公的医療保険では支払われないので、患者が全額を負担しなければならない。また医師が保険の規則で定められた範囲を超えた治療を行うと、公的医療保険では支払ってもらえず、患者が全額を自己負担する。

日本の医療保険制度は患者が病院を選択する自由はあるが、市場としては機能していない。機能しないために保険医療を構成する要素間の費用配分が悪く、経済の効率が悪い。

なぜ機能しないかと言えば、供給者が提供する医療サービスの価値を、消費者側が評価できないからである。しかし、その評価ができれば、生活習慣病の医療費を何割も節約でき、医療内での再配分や他への再配分によって、国民全体としての経済効率を高めることができる。

一人ひとりの消費者が医療サービスの価値を科学的に評価するのは難しいが、消費者の集団である健康保険組合などの保険者は、医療の世界に蓄積されているビッグデータを活用することで、医療サービスの評価を科学的に行える。

その結果を消費者である患者と共有し、連携して行動することによって、現在の保険制度と法制度のもとでも市場を機能させることができるのである。

巻末付記

図表B：COX比例ハザードモデルによる統計分析

このモデルは医療研究でよく使われる統計手法を使っている。生活習慣病それぞれについて、年齢、性別、治療開始時の検査値、2つの既往症、2つの併病の7つの属性が、エンドポイントにどの程度の影響を与えているのかなどを調べたもので、イベント（疾患や症状）に対して、投薬時の年齢1歳上昇、投薬時検査値1単位上昇、性別、他の既往症有、他の生活習慣病有とした場合のハザード比（ある時点でのイベント発生リスクの比）を求めている。

性別は女性の男性に対するハザード比で、例えば3番目の表（DL患者心イベント）のような脂質異常症の場合、女性は男性の0・66倍（95％の確率（信頼区間）で0・44－1・0倍）、p値は0・048であり、統計的にほぼ有意で、脂質異常症の女性は男性より心イベントが発生しにくいことを示している。（全体の解釈は第1章で述べている）

図表B　COX比例ハザードモデルによる統計分析

▷図表内にあるBPは高血圧症、BSは糖尿病、DLは脂質異常症の略。
▷PDCは診療期間中に処方された日数の割合。
▷AGEは患者年齢、SEXは性別、SysBPは収縮期血圧、HbA1cは糖化ヘモグロビンの比率、LDL-Choは低比重リポタンパクコレステロール。
▷心イベントは、狭心症・急性心筋梗塞・一過性脳虚血発作・脳梗塞など。
▷糖尿病イベントは、慢性腎臓病・腎不全・糖尿病性腎症・糖尿病性網膜症・糖尿病性神経障害など。

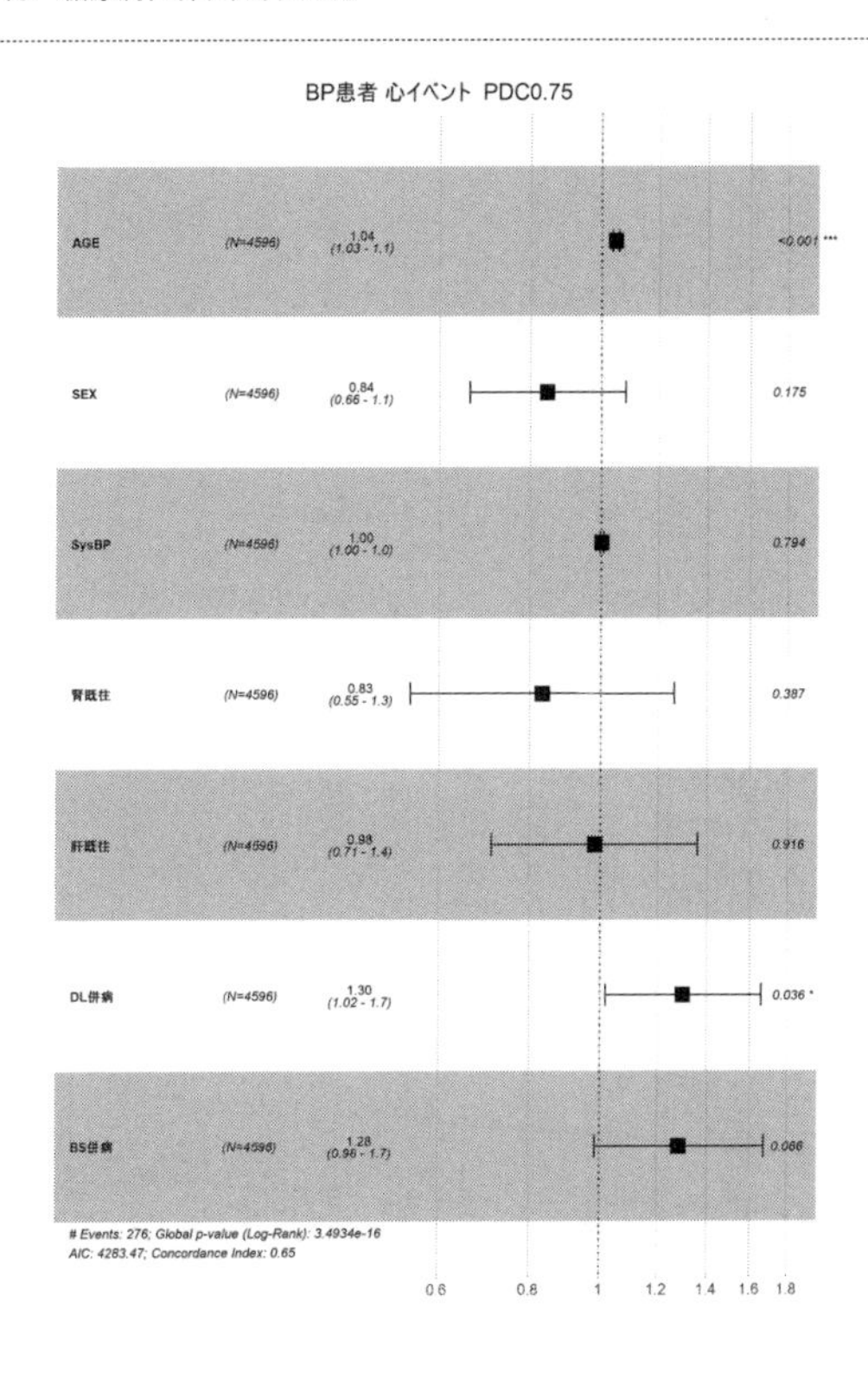

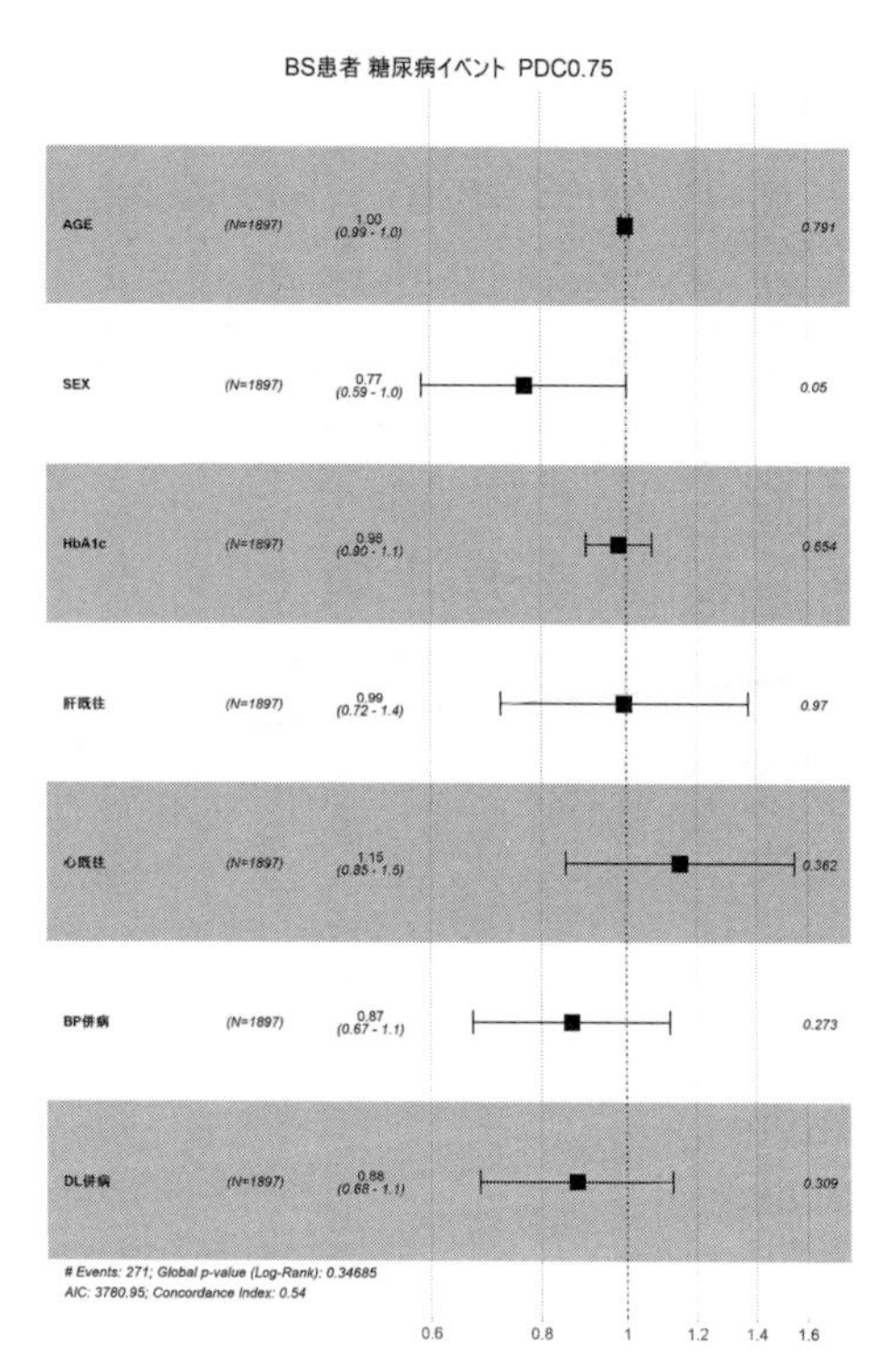

BS患者 糖尿病イベント PDC0.75
AGE
(N=1897)
1.00
(0.99 - 1.0)
0.791
SEX
(N=1897)
0.77
(0.59 - 1.0)
0.05
HbA1c
(N=1897)
0.98
(0.90 - 1.1)
0.654
肝既往
(N=1897)
0.99
(0.72 - 1.4)
0.97
心既往
(N=1897)
1.15
(0.85 - 1.5)
0.362
BP併病
(N=1897)
0.87
(0.67 - 1.1)
0.273
DL併病
(N=1897)
0.88
(0.68 - 1.1)
0.309
Events: 271; Global p-value (Log-Rank): 0.34685
AIC: 3780.95; Concordance Index: 0.54
0.6
0.8
1
1.2
1.4
1.6

DL患者 心イベント PDC0.75

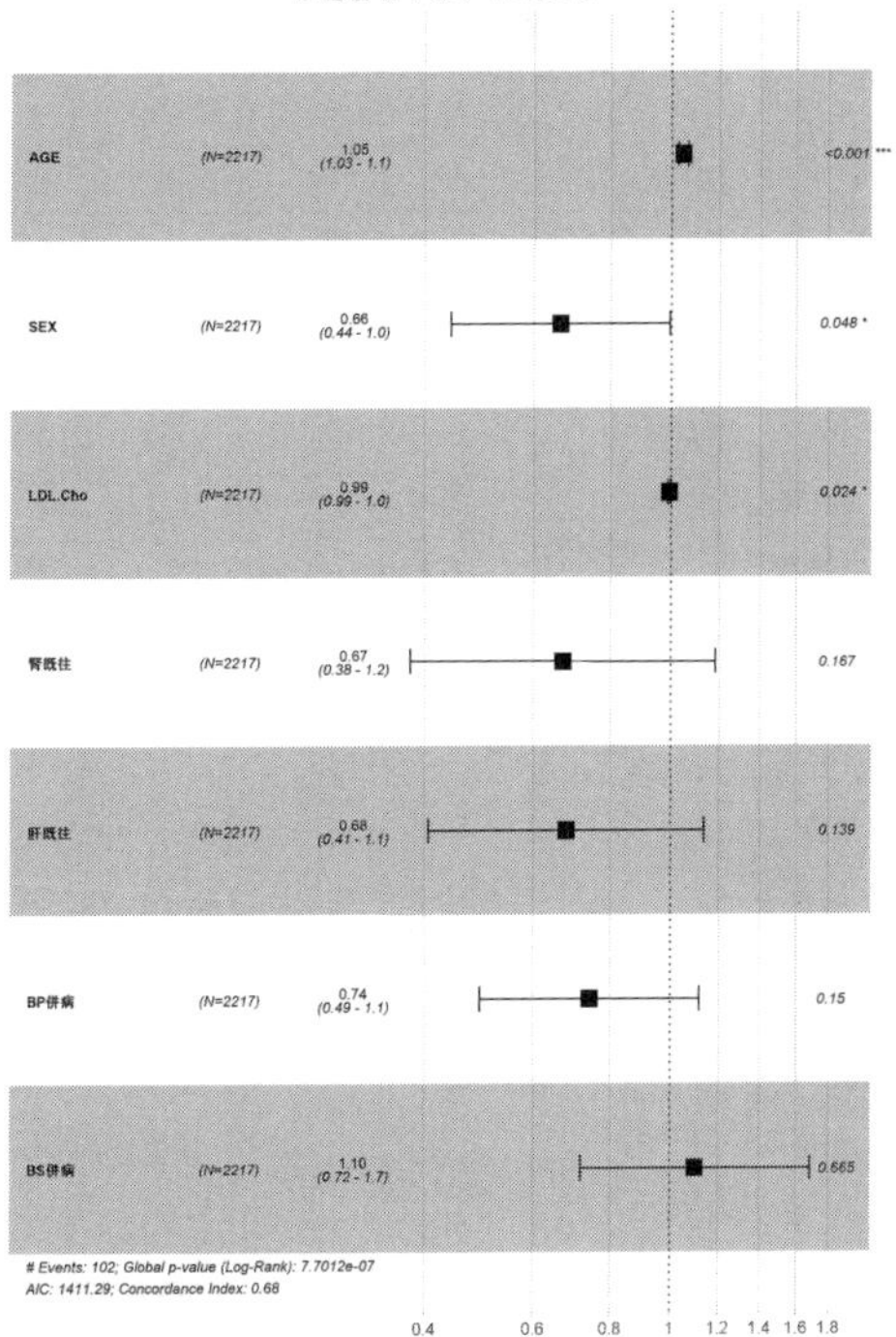
AGE (N=2217) 1.05 (1.03 - 1.1) <0.001 ***
SEX (N=2217) 0.66 (0.44 - 1.0) 0.048 *
LDL.Cho (N=2217) 0.99 (0.99 - 1.0) 0.024 *
腎既往 (N=2217) 0.67 (0.38 - 1.2) 0.167
肝既往 (N=2217) 0.68 (0.41 - 1.1) 0.139
BP併病 (N=2217) 0.74 (0.49 - 1.1) 0.15
BS併病 (N=2217) 1.10 (0.72 - 1.7) 0.665
Events: 102; Global p-value (Log-Rank): 7.7012e-07
AIC: 1411.29; Concordance Index: 0.68
0.4 0.6 0.8 1 1.2 1.4 1.6 1.8

図表C：生活習慣病の統計解析で用いた全エンドポイントの一覧

以下はエンドポイントとして定義された病名の一覧であって、実際すべての病名がカルテに書き込まれているわけではない。

高血圧症・脂質異常症

エンドポイント病名	ICD-10
可逆性虚血性神経障害	G459
一過性脳虚血発作	G459
増悪型狭心症	I200
中間型狭心症	I200
中間冠状症候群	I200
初発労作型狭心症	I200
増悪労作型狭心症	I200
不安定狭心症	I200
労作性狭心症	I208
微小血管性狭心症	I208
労作時兼安静時狭心症	I208
夜間狭心症	I208
安静時狭心症	I208
狭心症	I209
安定狭心症	I209
急性広範前壁心筋梗塞	I210
急性前壁心尖部心筋梗塞	I210
急性前壁心筋梗塞	I210
急性前壁中隔心筋梗塞	I210
急性前側壁心筋梗塞	I210
急性下壁心筋梗塞	I211
急性下後壁心筋梗塞	I211
急性下側壁心筋梗塞	I211
急性後基部心筋梗塞	I212
急性中隔心筋梗塞	I212
急性高位側壁心筋梗塞	I212
急性側壁心筋梗塞	I212
急性後壁心筋梗塞	I212
急性後壁中隔心筋梗塞	I212
急性心尖部側壁心筋梗塞	I212
急性基部側壁心筋梗塞	I212
急性右室梗塞	I212
急性後側部心筋梗塞	I212
急性心内膜下梗塞	I214
ST上昇型急性心筋梗塞	I219
非ST上昇型心筋梗塞	I219
非Q波心筋梗塞	I219
心臓破裂	I219
前壁心筋梗塞	I219
前壁中隔心筋梗塞	I219
心筋梗塞	I219
右室梗塞	I219
下壁心筋梗塞	I219
急性心筋梗塞	I219
後壁心筋梗塞	I219
冠状動脈口閉鎖	I219
冠状動脈瘤破裂	I219
左室自由壁破裂	I219
セスタン症候群	I630
セスタンーシュネ症候群	I630
脳外主幹動脈血栓症脳梗塞	I630

脳幹梗塞・慢性期	1635
延髄梗塞・急性期	1635
穿通枝梗塞	1635
静脈血栓性脳梗塞	1636
静脈性脳梗塞	1636
分水界梗塞	1638
ラクナ梗塞	1638
出血性脳梗塞	1638
多発性ラクナ梗塞	1638
多発性脳梗塞	1638
脳血管攣縮による脳梗塞	1638
脳動脈解離による脳梗塞	1638
無症候性ラクナ梗塞	1638
無症候性多発性脳梗塞	1638
無症候性脳梗塞	1638
脳梗塞	1639
脳梗塞・急性期	1639
虚血性脳卒中	1639
脳梗塞・慢性期	1639
トルソー症候群による脳梗塞	1639
再発性脳梗塞	1639
脳軟化症	1639
片頭痛性脳梗塞	1639

脳外主幹動脈塞栓症脳梗塞	1631
脳外主幹動脈閉塞脳梗塞	1632
アテローム血栓性脳梗塞	1633
アテローム血栓性脳梗塞・慢性期	1633
血栓性脳梗塞	1633
血栓性小脳梗塞	1633
アテローム血栓性脳梗塞・急性期	1633
塞栓性脳梗塞・慢性期	1634
塞栓性小脳梗塞・急性期	1634
塞栓性脳梗塞	1634
塞栓性小脳梗塞・慢性期	1634
塞栓性小脳梗塞	1634
塞栓性脳梗塞・急性期	1634
橋梗塞	1635
橋梗塞・急性期	1635
延髄梗塞	1635
脳底動脈先端症候群	1635
延髄梗塞・慢性期	1635
橋梗塞・慢性期	1635
脳幹梗塞	1635
皮質枝梗塞	1635
脳幹梗塞・急性期	1635
小脳梗塞	1635
脳血管閉塞性脳梗塞	1635

2型糖尿病

エンドポイント病名	ICD-10
2型糖尿病性低血糖性昏睡	E110
2型糖尿病性昏睡	E110
2型糖尿病性腎症第1期	E112
2型糖尿病性腎症第2期	E112
2型糖尿病性腎症第3期	E112
2型糖尿病性腎症第3期A	E112
2型糖尿病性腎症第3期B	E112
2型糖尿病性腎症第4期	E112
2型糖尿病性腎症第5期	E112
2型糖尿病性腎不全	E112
2型糖尿病性腎症	E112
2型糖尿病・腎合併症あり	E112
2型糖尿病性腎硬化症	E112
前糖尿病性網膜症	E113
2型糖尿病黄斑症	E113
2型糖尿病性白内障	E113
増殖性糖尿病性網膜症・2型糖尿病	E113
2型糖尿病性眼筋麻痺	E113
2型糖尿病・眼合併症あり	E113
2型糖尿病性黄斑浮腫	E113
2型糖尿病性網膜症	E113
2型糖尿病性中心性網膜症	E113
2型糖尿病性虹彩炎	E113
2型糖尿病・神経学的合併症あり	E114
2型糖尿病性自律神経ニューロパチー	E114
2型糖尿病性ニューロパチー	E114
2型糖尿病性多発ニューロパチー	E114
2型糖尿病性単ニューロパチー	E114
2型糖尿病性ミオパチー	E114
2型糖尿病性筋萎縮症	E114
2型糖尿病性神経痛	E114
2型糖尿病性神経因性膀胱	E114
2型糖尿病性末梢神経障害	E114
2型糖尿病性潰瘍	E115
2型糖尿病性末梢血管症	E115
2型糖尿病性血管障害	E115
2型糖尿病性末梢血管障害	E115
2型糖尿病性壊疽	E115
2型糖尿病・末梢循環合併症あり	E115
2型糖尿病性動脈硬化症	E115
2型糖尿病性動脈閉塞症	E115
2型糖尿病性関節症	E116
2型糖尿病性そう痒症	E116
2型糖尿病性高血糖高浸透圧症候群	E116
2型糖尿病・糖尿病性合併症あり	E116
2型糖尿病性高コレステロール血症	E116
2型糖尿病性骨症	E116
2型糖尿病性精神障害	E116
2型糖尿病性浮腫性硬化症	E116
2型糖尿病・関節合併症あり	E116
2型糖尿病性胃腸症	E116
2型糖尿病性肝障害	E116
2型糖尿病性水疱	E116
2型糖尿病性皮膚障害	E116
2型糖尿病・多発糖尿病性合併症あり	E117
2型糖尿病・糖尿病性合併症なし	E119
高浸透圧性非ケトン性昏睡	E140
糖尿病性昏睡	E140
糖尿病性腎不全	E142
糖尿病性腎障害	E142
キンメルスチール・ウイルソン症候群	E142
糖尿病性腎臓病	E142
糖尿病性腎症	E142
糖尿病性腎硬化症	E142
糖尿病黄斑浮腫	E143
糖尿病性虹彩炎	E143
糖尿病網膜症	E143
糖尿病黄斑症	E143

副腎髄質機能亢進症	E275	糖尿病性白内障	E143
ショック腎	N170	増殖性糖尿病性網膜症	E143
急性尿細管壊死	N170	糖尿病性眼筋麻痺	E143
急性腎性腎不全	N170	糖尿病性中心性網膜症	E143
急性腎皮質壊死	N171	糖尿病性多発ニューロパチー	E144
腎乳頭壊死	N172	糖尿病性自律神経ニューロパチー	E144
腎髄質壊死	N172	糖尿病性筋萎縮症	E144
急性腎後性腎不全	N178	糖尿病性神経因性膀胱	E144
急性腎前性腎不全	N178	糖尿病性神経痛	E144
急性尿酸性腎症	N179	糖尿病性単ニューロパチー	E144
急性腎不全	N179	糖尿病性末梢神経障害	E144
慢性腎臓病ステージG5	N180	糖尿病性神経障害性疼痛	E144
慢性腎臓病ステージG5D	N180	糖尿病性ニューロパチー	E144
末期腎不全	N180	糖尿病足病変	E144
尿毒症性多発性ニューロパチー	N188	糖尿病性潰瘍	E145
慢性腎臓病ステージG3	N188	糖尿病足壊疽	E145
慢性腎臓病ステージG3a	N188	糖尿病性動脈閉塞症	E145
慢性腎臓病ステージG3b	N188	糖尿病足潰瘍	E145
慢性腎臓病ステージG4	N188	糖尿病性血管障害	E145
尿毒症性心膜炎	N188	糖尿病性動脈硬化症	E145
腎性網膜症	N188	糖尿病性末梢血管障害	E145
尿毒症性脳症	N188	糖尿病性壊疽	E145
尿毒症性ニューロパチー	N188	糖尿病性末梢血管症	E145
尿毒症肺	N188	糖尿病性そう痒症	E146
赤血球造血刺激因子製剤低反応性貧血	N188	糖尿病性高コレステロール血症	E146
尿毒症性心筋症	N188	糖尿病性浮腫性硬化症	E146
慢性腎不全	N189	糖尿病性皮膚障害	E146
腎不全（症）	N19	糖尿病性肝障害	E146
腎性貧血	N19	糖尿病性精神障害	E146
腎不全	N19	糖尿病性水疱	E146
無機能腎	N19	糖尿病性骨症	E146
慢性腎臓病	N289	糖尿病性関節症	E146
慢性腎臓病ステージG1	N289	副腎皮質機能亢進症	E270
慢性腎臓病ステージG2	N289	副腎クリーゼ	E272
腎性浮腫	R609	副腎皮質機能低下症	E274

図表D：生活習慣病薬による副作用の影響を機序間で比較

副次的エンドポイントの発生度合いを2つの機序間で比較

この解析では薬の代表的な機序がどの程度副作用をもたらすのか、2つの生存時間曲線を比較し、違いがあるかどうかのログランク検定と結果のp値を示している。検定における帰無仮説は「2曲線間に違いはない」である。解析の結果、有意水準を5％とすると、どの生活習慣病の、どの副次的なエンドポイントについても帰無仮説は棄却されず、統計的に意味のある違いがあるとは言えない、ということになった。

分析対象期間や統計手法については、図表5－2の2つの薬剤機序比較と同じように行い（縦軸が生存率、横軸が5年間など）、対象となる疾患を副次的エンドポイントとなる病名に置き換えた。

患者グループのマッチングも、同じくマハラノビス距離によって患者の共変量を2機序間で揃えると、マッチング後の患者数は少なくなった。特に糖尿病では単機序を追跡期間中に服用しつづける患者が少ないので、対象患者がさらに少なくなった。また今回も投薬開始時点で対象となるエンドポイント病名の既往歴がない患者のみ統計対象に選んでいる。

図表D-1　5年以内に肝臓疾患に至らなかった高血圧症患者の割合
(機序ARB／CCB比較 2グループ 各366人ずつ)

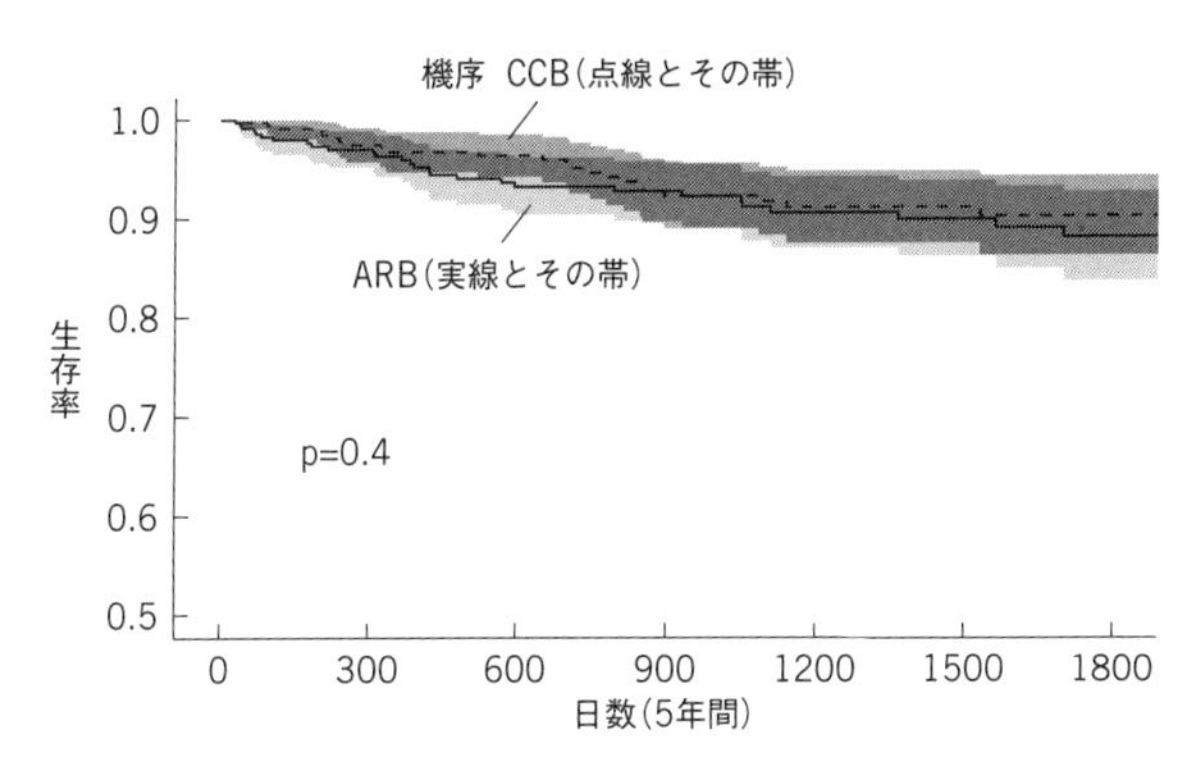

(出所) アライドメディカル作成

図表D-2　5年以内に腎臓疾患に至らなかった高血圧症患者の割合
(機序ARB／CCB比較 2グループ 各339人ずつ)

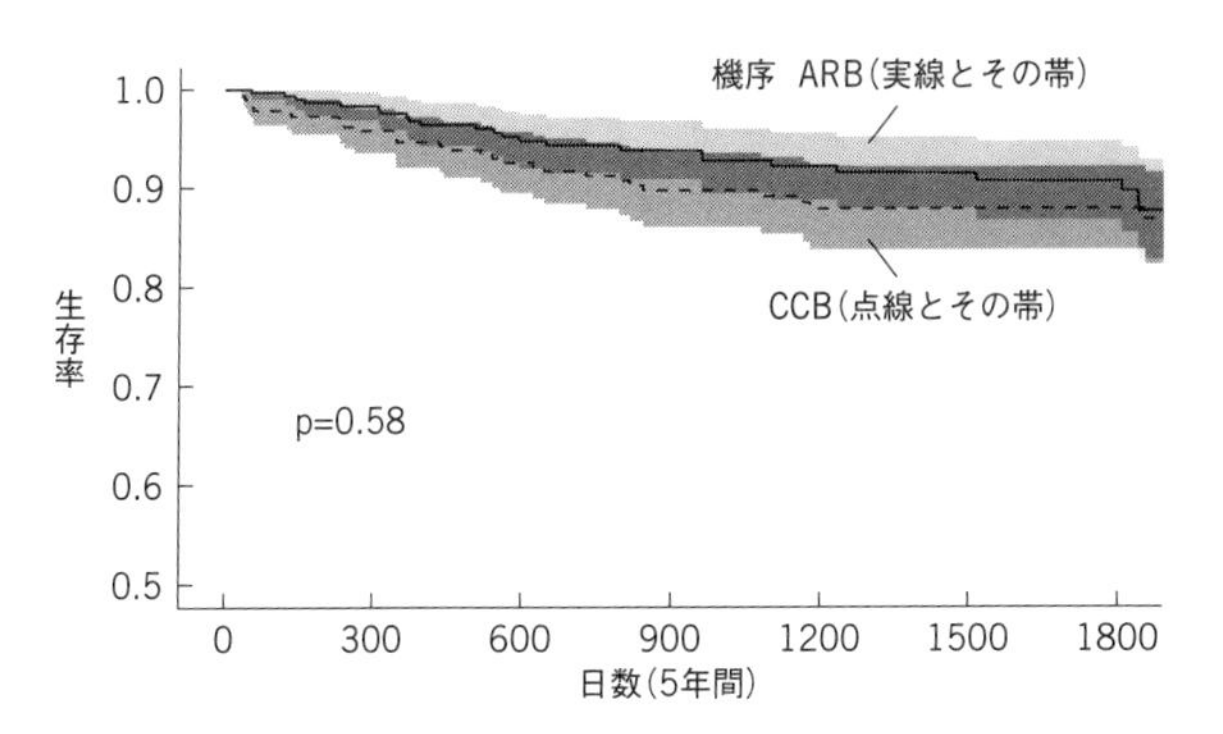

(出所) アライドメディカル作成

図表D-3　5年以内に肝臓疾患に至らなかった2型糖尿病患者の割合
（機序ビグアナイド／DPP4阻害薬比較 2グループ 各40人ずつ）

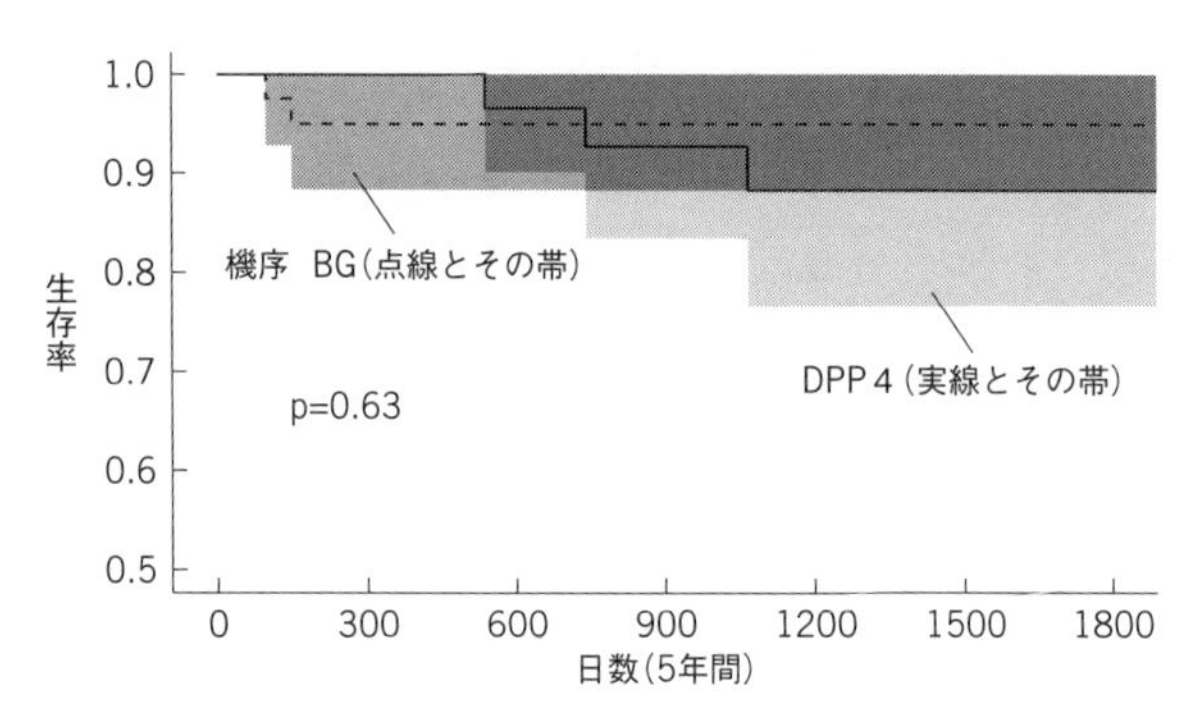

（出所）アライドメディカル作成

図表D-4　5年以内に心臓循環器疾患に至らなかった2型糖尿病患者の割合
（機序ビグアナイド／DPP4阻害薬比較　2グループ 各40人ずつ）

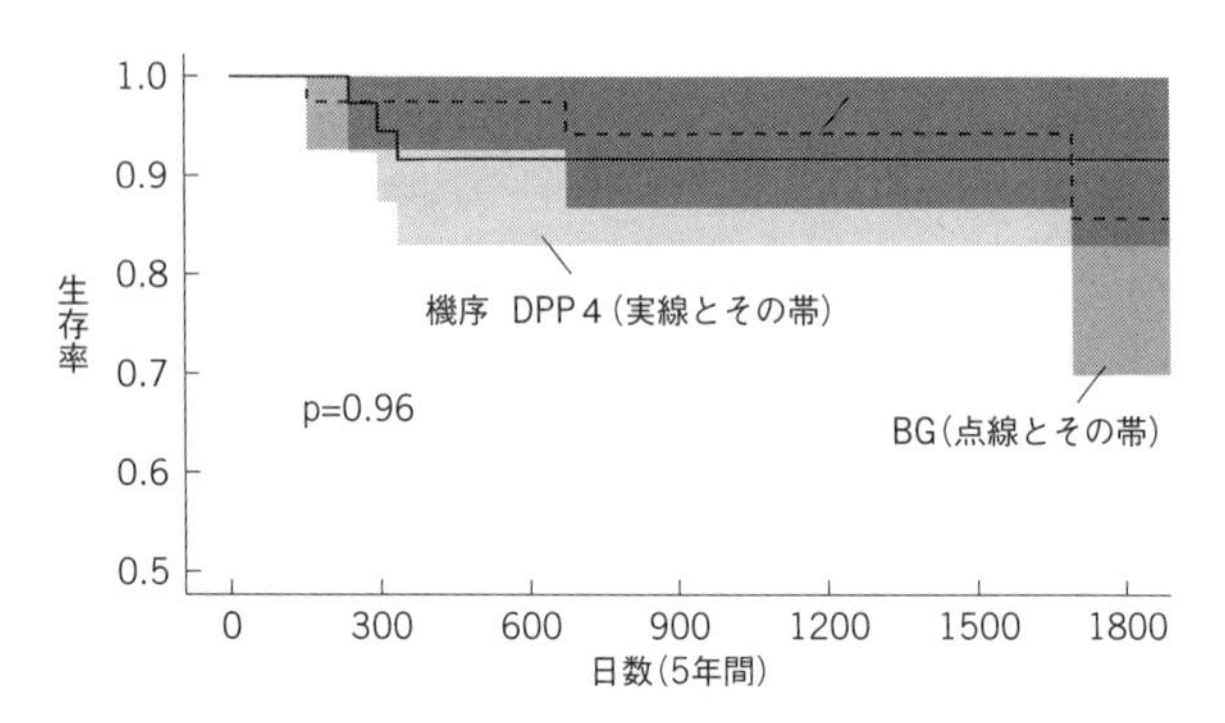

（出所）アライドメディカル作成

図表D-5　5年以内に肝臓疾患に至らなかった脂質異常症患者の割合（機序RHMG／SHMG4比較 2グループ 各110人ずつ）

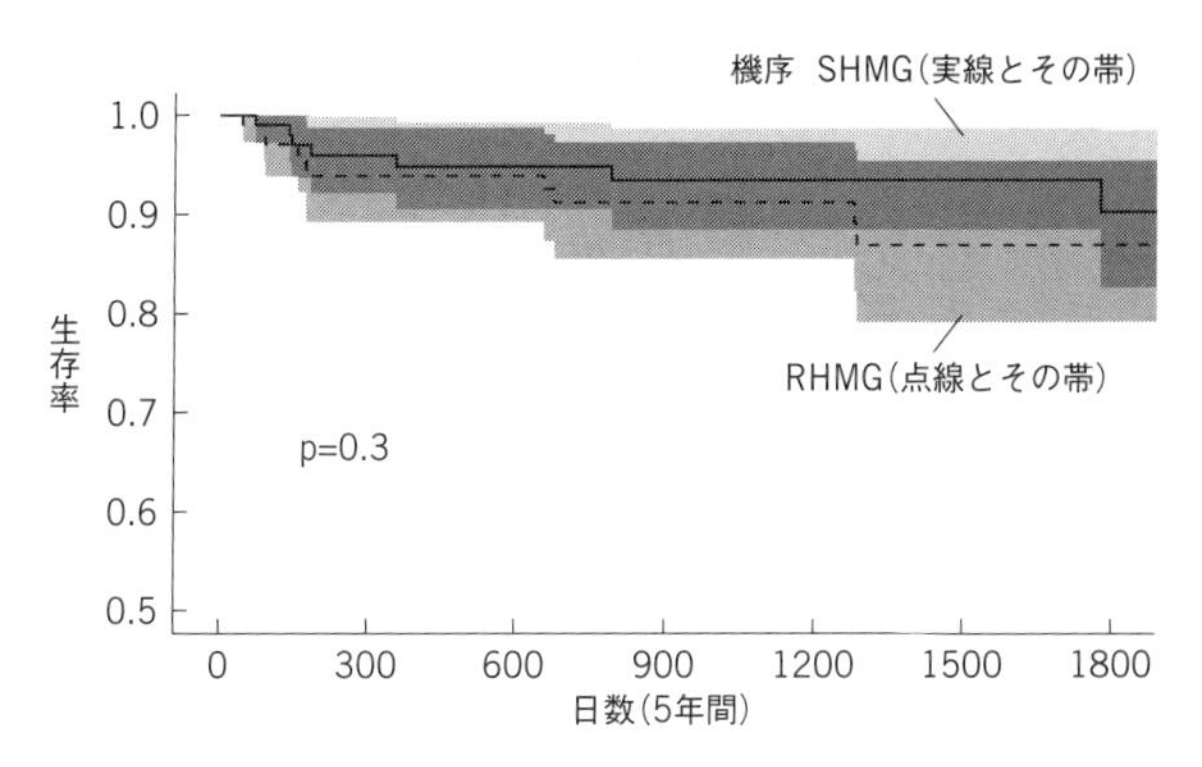

（出所）アライドメディカル作成

図表D-6　5年以内に腎臓疾患に至らなかった脂質異常症患者の割合（機序SHMG／RHMG比較 2グループ 各108人ずつ）

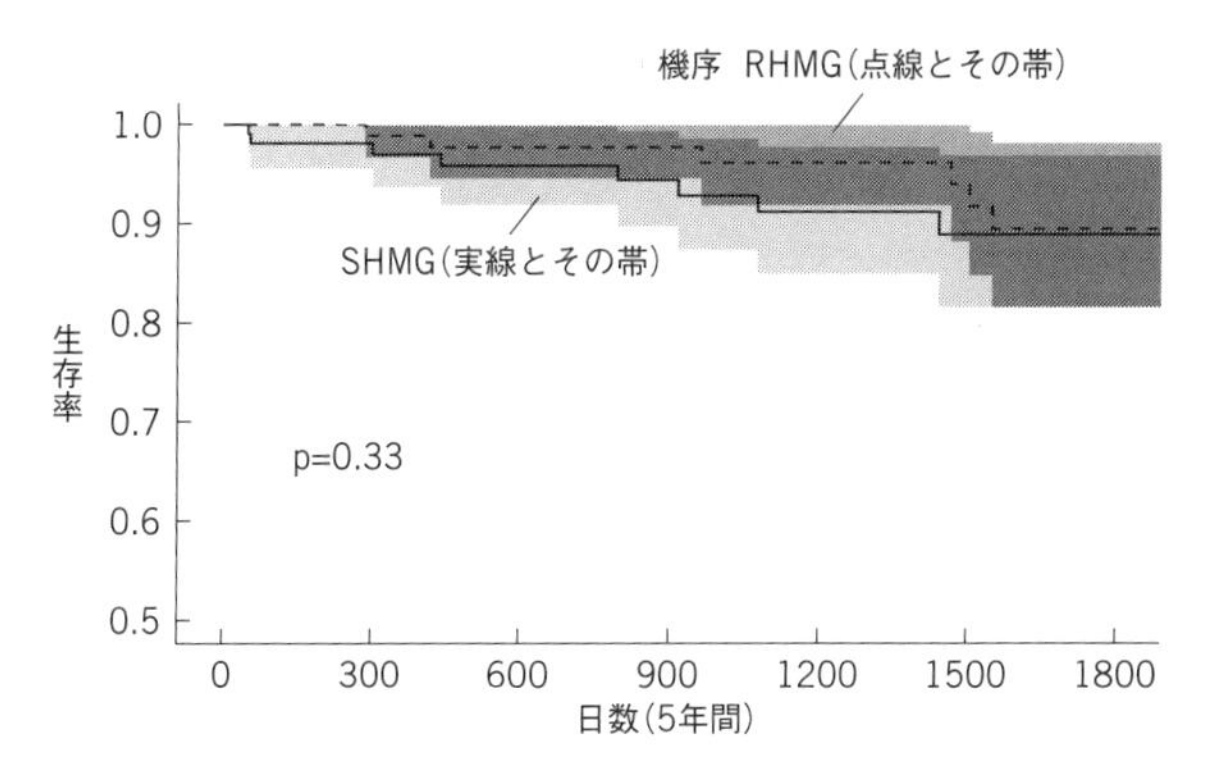

（出所）アライドメディカル作成

図表Ｅ：統計結果の偏りを除くには別の分析モデル（ＧＬＭＭ）を使う

統計サンプル数が少ない場合は偏りが出ることもある

糖尿病と脂質異常症の生存時間分析では、診療頻度の高い低いによるエンドポイント発生率に有意な差がないと述べたが、ともにｐ値は０・20で、ある程度は関係があるようにも見える。これは、この統計データのもとになっている病院が49と少ないためである。

一例をあげると、狭心症という心臓の病気がエンドポイントに含まれている。狭心症は、患者が胸の痛みや圧迫感を訴えるときに病名としてカルテに記述することが多い。

一時的に症状があるとか、階段を上がったときにだけ症状がある場合でも、この病名をつけることがある。診療時には症状がなくても、問診時に患者の経験を聞いて病名をつけることもあるし、つけないこともある。病院によって、狭心症という病名がたくさんあったり、ほとんどなかったりと、ばらつきが多い。

さらに病院によって処方日数が長めの病院と短めの病院がある。処方日数が長い病院で狭心症の病名が多いと、統計結果に偏りがでてしまう。このような偏りを除外するために、次に示す別のＧＬＭＭというモデルで分析を行った。

この２つの分析結果を総合すると、生存時間分析でｐ値が０・20であっても、実際はエンドポイントに違いがないと判断することができる。

一般化線形混合モデル（GLMM）による分析

仰々しい名前がついているが、分析の意味は単純である。一例をあげてみよう。肥料を増やすと実の出来具合がどう変わるのかを知るために、実際に200株を植えて、株ごとに肥料の量を変えて実の数や大きさを測った。

簡単に分析するには横軸に肥料の量、縦軸に実の量をプロットするグラフを作ればよい。関係があるならば右上がりの細長い雲のように点が描かれるだろう。しかし、そうはならなかった。

100株植えたところで畑がいっぱいになり、残りの100株は隣の畑に植えた。ところが、隣の畑は日当たりが悪かったので、後半に植えた100株は全般に実の量が少なかった。その結果、プロットされた200の点は細長い雲の形ではなく、丸い雲の形になってしまい、傾向は読めない。統計処理をしても肥料と実の量の関係はないという結果になった。

このようなときに、日当たりの善し悪しも考慮に入れ、200株全体における肥料と実の量の関係を計算する統計手法が、一般化線形混合モデル（GLMM）である。これは実の量を、肥料と日当たりの2つの要素に分離し、関係を導き出す数学の手法である。

生存時間曲線による比較のところで説明しているように、狭心症においては、同じ患者を診察しても狭心症と病名をつける医師とつけない医師がいるため、病院ごとにエンドポイントの発生数の水準に違いが出てしまう。病院のサンプル数が大きければ病院ごとの水準の違いを数で平準化できるが、今回の分析の病院数ではそれができない。このため、同じサンプルデータに対してGLMMでの分析も実施した。

GLMMでは、生存時間分析のように、診療頻度の高い患者と低い患者について、7つの属性が同じ2グループを作ってエンドポイントを比較するのではなく、イベント発生患者だけを対象にして、イベント発生までの日数が、患者の7属性と診療頻度の高低にどの程度関係しているのかを見る。

つまり、投薬治療開始から5カ月間の診療間隔が60日以上と未満で、イベント発生までの日数に違いがあるかどうかを見る。イベント発生するまでの日数が短いのは、それだけ治療効果が低いと考える。

また年齢、性別、初期の検査値、既往症2種、併病2種の7属性は生存時間分析と同じように加味し、これら7属性もそれぞれがイベント発生までの日数にどの程度影響を与えているかを見る。

計算結果の図表Eと、解釈を示す。

解釈

(1) 高血圧症に関してはイベント発生までの日数は年齢に大いに関係するが(p値<0・001)、診療間隔は60日以上でも未満でもイベント発生には影響しない(p値=0・46)。

(2) 糖尿病に関しては高血圧症とは違い、年齢がイベント日数と関係しない(p値=0・63)、診療間隔の長/短も、高血圧症と同様にイベント発生に関係しない(p値=0・83)。

(3) 脂質異常症も、診療間隔の長/短はイベント発生日数に関係しない(p値＝0・40)が、年齢は高血圧症と同様に有意に関係している(p値＝0・04)。

(4) 年齢以外の6属性は次の点を除き、いずれの病気でもイベント発生までの日数には関係しない。
2型糖尿病患者については図表Eにあるように、投薬時検査値(HbA1c)が1%PT上昇で、イベント発生年数がマイナス0・244年(95%信頼区間でマイナス0・415〜マイナス0・074年)となり、イベント発生が有意(p値＝0・005)に早まる。

また心疾患の既往症についても、既往症「有」の場合は「無」の場合に比べ、イベント発生年数がマイナス0・694年(95%信頼区間でマイナス1・380〜0・008年)とイベント発生が有意(p値＝0・047)に早まる。

図表E　イベント発生日数を説明するGLMM

▷予測変数（共変量）に、性別（女1：男0）、投薬時年齢、投薬時検査値、ほかの生活習慣病併病の有無、心、腎、肝疾患既往症の有無に、および初期処方日数の長／短（60日以上1：60日未満0）を追加し、病院の固有効果を除いたモデルである。

▷Coef.（係数）が、それぞれの共変量が1増えたときに何年イベント年数が遅くなるか（マイナスの場合早くなるか）を示す。p値>|z|が小さければ（0.05以下であれば）有意ではなく、coef.の95%信頼区間を占める［0.025　0.075］の値が0をはさんでプラスマイナスに分布するので、イベント年数が早くなるのか遅くなるのかはわからない。

BP　心イベント年数

```
 Mixed Linear Model Regression Results
==========================================================
Model:              MixedLM Dependent Variable: timeEP_year
No. Observations: 1209    Method:             REML
No. Groups:        36     Scale:              10.8966
Min. group size:   1      Log-Likelihood:     -3182.6381
Max. group size:   223    Converged:          No
Mean group size:   33.6
-----------------------------------------------------------
           Coef.   Std.Err.    z     P>|z|  [0.025  0.975]
-----------------------------------------------------------
Intercept   5.496     1.032   5.327  0.000   3.474   7.517
shohou_60   0.350     0.471   0.744  0.457  -0.573   1.273
AGE        -0.045     0.009  -4.919  0.000  -0.063  -0.027
SEX         0.189     0.200   0.941  0.347  -0.204   0.581
BaseKensa   0.006     0.005   1.356  0.175  -0.003   0.016
JIN既往     -0.608     0.423  -1.436  0.151  -1.437   0.222
KAN既往     -0.505     0.297  -1.702  0.089  -1.086   0.077
BS併病       0.197     0.244   0.805  0.421  -0.282   0.676
DL併病      -0.225     0.213  -1.054  0.292  -0.643   0.193
Group Var   0.841     0.098
==========================================================
```

BS 糖尿病合併症イベント年数

```
 Mixed Linear Model Regression Results
==========================================================
Model:              MixedLM Dependent Variable: timeEP_year
No. Observations: 631     Method:               REML
No. Groups:         29      Scale:                8.4604
Min. group size:   1       Log-Likelihood:       -1593.2493
Max. group size:   245     Converged:            Yes
Mean group size:   21.8
-----------------------------------------------------------
           Coef.   Std.Err.    z     P>|z|  [0.025  0.975]
-----------------------------------------------------------
Intercept   5.675     1.140   4.979  0.000   3.441   7.910
shohou_60  -0.080     0.369  -0.218  0.827  -0.803   0.642
AGE        -0.005     0.011  -0.489  0.625  -0.028   0.017
SEX         0.344     0.269   1.282  0.200  -0.182   0.871
BaseKensa  -0.244     0.087  -2.806  0.005  -0.415  -0.074
KAN既往      0.683     0.389   1.758  0.079  -0.078   1.445
SIN既往     -0.694     0.350  -1.982  0.047  -1.380  -0.008
BP併病      -0.276     0.252  -1.095  0.273  -0.770   0.218
DL併病      -0.480     0.259  -1.856  0.063  -0.987   0.027
Group Var   2.686     0.357
==========================================================
```

DL 心イベント年数

```
Mixed Linear Model Regression Results
==========================================================
Model:              MixedLM Dependent Variable: timeEP_year
No. Observations: 326     Method:               REML
No. Groups:         25      Scale:                8.2932
Min. group size:   1       Log-Likelihood:       -818.5473
Max. group size:   67      Converged:            Yes
Mean group size:   13.0
-----------------------------------------------------------
           Coef.   Std.Err.    z     P>|z|  [0.025  0.975]
-----------------------------------------------------------
Intercept   4.624     1.349   3.427  0.001   1.980   7.269
shohou_60   0.485     0.569   0.851  0.395  -0.631   1.600
AGE        -0.033     0.016  -2.105  0.035  -0.063  -0.002
SEX         0.585     0.353   1.658  0.097  -0.106   1.277
BaseKensa   0.005     0.005   1.141  0.254  -0.004   0.014
JIN既往     -0.210     0.622  -0.337  0.736  -1.430   1.010
KAN既往     -0.373     0.497  -0.751  0.453  -1.348   0.602
BS併病      -0.170     0.375  -0.455  0.649  -0.905   0.564
BP併病      -0.105     0.357  -0.294  0.769  -0.805   0.595
Group Var   0.890     0.167
==========================================================
```

おわりに

本書は電子カルテのビッグデータ分析により、広く国民に、我が国の医療実態、カラクリを理解してもらい、行動のきっかけにしてもらうために執筆したものである。

この中では生活習慣病に関する議論をしているが、解説している医療サービスの価格形成過程や市場の機能不全の改善方法は、生活習慣病だけでなく、程度の差こそあれ広い分野の医療に共通するものである。

筆者が所属するアライドメディカルも、実社会における医療データに基づいた実証研究を、他の傷病分野も含めた広い領域に広げていく考えであり、稀有で貴重な日本の皆保険医療を改良していくことができると考えている。

今まで保険医療の領域は、市場の一極をなす、大きく括れば供給者側の影響力を温存するために、日本のお家芸である「由らしむべし知らしむべからず」のコンセプトで統治されて来た。

もう一極である消費者と保険者は、制度上も法律上ももっと自由な行動ができるのに、見事なまでに飼いならされていて、檻を取り除いても外に出ない飼い犬のような状態である。本来は、二極が対等に押し合いをして、小さな調和点を無数に成立させ、日々微調整しながら日本の総生産の1割を占める保険医療領域の経済効率が良くなっていくのが望ましい。アンパイアは必須だが、試合を動かすのはピッチャーでありバッターである。アンパイアがいくら頑張っても市場は働かず、医療が自由経済のダイナミズムの恩恵を受けることは期待できない。それぞれの極に属する数えきれないほど多くのプレイヤーの日々の行動の集合で発生する巨大な力が、経済を導くのである。

社会を変えていくには、理念とともに行動が必要である。とりわけ日本の保険医療に市場機能を働かせるには、消費者である患者と保険者が参画して行動する必要がある。放たれた飼い犬はラディカルなことはしなくてよい。広い庭を隅々までくんくん嗅ぎまわって、時に怪しい奴がくれば吠えるだけでよいのである。

まずは、広く国民に医療の実体、カラクリを把握して理解いただくことが行動の基本になると考える。読者の皆様から忌憚のないご意見をいただければ幸いである。

筆　者

謝辞

本書の執筆に際しては多くの関係者の協力をいただいた。

アライドメディカル（株）社長の外池徹氏は、銀行勤務の後、アヒル広告で知られるアフラック日本の社長として組織の運営に長期にわたり携わってきた。分析に加え、健康保険組合を持つ大企業における健康保険と社員の健康への取り組み方、考え方、意思決定、行動に関して、大組織での経験と見識をベースに本プロジェクトに日々助言を行った。

リベラルアーツ人を自認する大野浩充氏は夜行性の人間で、夜中にコンピュータを駆使して統計計算を行い、明け方、僕が起きるころに結果を報告してくる。チームとして一見効率的にも見えるが、昼まで寝ているので実際はそうでもない。

現役医師である長濱誉佳（たかよし）氏は、官庁と外郭団体での長年の経験を持ち、数字だけでは危うい社会分析において、その豊富な人脈と押しの強さでヒューミント（ヒューマン・インテリジェンス、人的情報収集のこと）面から強力に本プロジェクトに貢献した。

稲井英一郎氏は、報道機関で政治、官庁、また海外における豊富な取材経験と広い見識を持っており、メディア戦略と危機管理の面から、ヒューミント面で本プロジェクトを支え、本書の内容、構成、出版をアドバイスした。

東京大学大学院薬学系研究科医薬政策学客員准教授である五十嵐中氏は、本プロジェクトの共同研究者として2年にわたり彼の研究室スタッフとともに分析を監督してきた。彼は周りに影響を受けずに真実の追求を貫徹するような学者であり、鉄ちゃんでもある。業界のステイクホルダーたちに阿らず圧力も受けず、中立堅持というのが本プロジェクトの信条だが、この面で彼はこのプロジェクトに相応しいインテリジェンスである。

本書の刊行に尽力していただいた日経ＢＰの関係者にも謝意を表し、御礼申し上げる。

著者紹介

油井敬道（ゆい・ひろみち）

アライドメディカル取締役

1963年－68年　灘中学・灘高校

物理研究部所属。ラジコン飛行機やオーディオ自作など強いて言えば物理系の遊び中心。「グライダーみたいに落ちる一方だったね」と成績を担任に皮肉られる。

1968年－73年　慶応義塾大学工学部

スキー三昧、夏場はジャズバンドで資金稼ぎ。交換留学を口実に、（当時）流行りのヒッピーに紛れてバックパックでスキーをしながら欧州とトルコを1年放浪。

1973年－75年　同修士課程 管理工学科

さすがに遊び疲れて社会科学系研究に没頭、数理心理学の論文を教官と学会発表。

1975年－84年　ボストン・コンサルティング・グループ（BCG）

創業者ブルース・ヘンダーソン、硫黄島上陸の（元）海兵隊ジム・アベグレン（日本社長、経済学者）らにしごかれる。経営の最前線に一人で放り込まれ、クライアントのCEOと泥沼で実戦経験。

1984年－　油井コンサルティング

PC黎明期に電子カルテの開発に乗り出し、今は「しゃぶしゃぶでスープを味わう」（本文参照）段階。日本の電子カルテの中核。

2019年－　アライドメディカル

企業より社会分析に興味を持つ。電子カルテのビッグデータを分析。

日経プレミアシリーズ 473

ビッグデータが明かす 医療費のカラクリ

二〇二二年五月六日 一刷

著者 油井敬道
発行者 國分正哉
発行 株式会社日経BP
日本経済新聞出版
発売 株式会社日経BPマーケティング
〒一〇五―八三〇八
東京都港区虎ノ門四―三―一二

装幀 ベターデイズ
組版 マーリンクレイン
印刷・製本 凸版印刷株式会社

© Hiromichi Yui, 2022
ISBN 978-4-296-11334-7 Printed in Japan
本書の無断複写・複製(コピー等)は著作権法上の例外を除き、禁じられています。
購入者以外の第三者による電子データ化および電子書籍化は、私的使用を含め一切認められておりません。本書籍に関するお問い合わせ、ご連絡は左記にて承ります。
https://nkbp.jp/booksQA

日経プレミアシリーズ404

可動域を広げよ

齋藤 孝

長い人生、何をして過ごしますか? 日がな家でごろごろするか、次々とやりたいことが見つかるかは、あなたの心掛け次第。好きなものを書き出してみる。得意分野をじわり広げる。偶然の出会いを見逃さない――。〝痛気持ちいい〟を楽しむ、人生100年時代の生き方・学び方。

日経プレミアシリーズ438

地形と日本人

金田章裕

私たちは、自然の地形を生かし、改変しながら暮らしてきた。近年頻発する自然災害は、単に地球温暖化や異常気象だけでは説明できない。防災・減災の観点からも、日本人の土地とのつき合い方に学ぶ必要がある。歴史地理学者が、知られざるエピソードとともに紹介する、大災害時代の教養書。

日経プレミアシリーズ412

伸びる子どもは○○がすごい

榎本博明

我慢することができない、すぐ感情的になる、優先順位が決められない、主張だけは強い……。今の新人に抱く違和感。そのルーツは子ども時代の過ごし方にあった。いま注目される「非認知能力」を取り上げ、想像力の豊かな心の折れない子を育てるためのヒントを示す一冊。

日経プレミアシリーズ462

読書をする子は○○がすごい

榎本博明

テストの問題文が理解できない子どもたち。意思疎通がうまくできずに、増える暴力事件。ディスカッション型の学習をしても、発言する内容はお寒いばかり……。読書の効用は語彙力や読解力にとどまらない。子どもが豊かな人生を送るために、いま親としてできることとは何かを説く。

日経プレミアシリーズ458

賢い子はスマホで何をしているのか

石戸奈々子

「子どもにスマホは絶対ダメ」、その価値観のままで本当にいいのだろうか？　デジタルを「学び」にうまく取り入れれば、未来の社会でAIに負けないような、思考力・創造力をはぐくむこともできる——デジタル教育の普及につとめてきた著者が、未来の教育を踏まえ、子どもとデバイスの適切な距離から、創造力を伸ばすツール、家庭でのデジタル教育の取り入れ方までを紹介する。

日経プレミアシリーズ453

安いニッポン「価格」が示す停滞

中藤 玲

日本のディズニーランドの入園料は実は世界で最安値水準、港区の年平均所得1200万円はサンフランシスコでは「低所得」に当たる……いつしか物価も給与も「安い国」となりつつある日本。30年間の停滞から脱却する糸口はどこにあるのか。掲載と同時にSNSで爆発的な話題を呼んだ日本経済新聞記事をベースに、担当記者が取材を重ね書き下ろした、渾身の新書版。

日経プレミアシリーズ444

絶品・日本の歴史建築
［西日本編］

磯 達雄・宮沢 洋

リノベーションの繰り返しで驚異の造形をつくり上げた「桂離宮」、急な断崖に絶妙なバランスで建立され900年も保持される「三仏寺投入堂」、「たかが住居跡」と舐めてかかると度肝を抜かれる「吉野ケ里遺跡」……。西日本に点在する名建築の味わい方を、建築に目の肥えた二名の著者が、文章とイラストで紹介。読めば旅行が楽しくなり、読めば旅行せずとも楽しめます。

日経プレミアシリーズ457

絶品・日本の歴史建築
［東日本編］

磯 達雄・宮沢 洋

あまりにぜいたくすぎる日本初の西洋風宮殿建築「迎賓館赤坂離宮」、日本オタクのイギリス青年が手掛けた「旧岩崎久彌邸」、バベルの塔のようならせん建築「会津さざえ堂」、建築というよりまるで美術品のような「中尊寺金色堂」……。北海道・東北・関東・中部、東日本に点在する名建築の味わい方を、建築雑誌出身、目の肥えた二名の著者が文章とイラストで紹介します。

日経プレミアシリーズ463

あなたが投資で儲からない理由

大江英樹

「長期投資ならリスクは小さくなる」「リスクの大きいものはリターンも大きい」「積立投資は最強の投資方法」「株価に一喜一憂してはいけない」「初心者はまず投資信託から」——これらはすべて勘違い？　お金に関する情報があふれる時代、自分なりの判断軸を持たず振り回されていると、いつかくる暴落にただ泣くことにも。「自分の頭で考える」ための投資の考え方の基本を紹介する。

日経プレミアシリーズ469

「あざとい」伝え方入門

山本御稔

相手に伝わるコミュニケーションをするためには、言葉やプレゼンテクだけでは不十分。相手の心理を読み解き、ときには最新のＡＩにも頼る。「おばけ屋敷はなぜ怖いのか」「秘伝のたれが評価される理由」など豊富な事例で、進化した「あざとい」伝え方テクを伝授する。

日経プレミアシリーズ467

地形で読む日本

金田章裕

立地を知れば歴史が見える。都が北へ、内陸へと移動したのはなぜか。城郭が時には山の上に、時には平地に築かれた理由。どのようにして城下町が成立し、どのように都市が水陸交通と結びついていったのか。地形図や古地図、今も残る地形を読みながら、私たちがたどってきた歴史の底流を追う。大好評の歴史地理学入門第2弾。

日経プレミアシリーズ471

深掘り！日本株の本当の話

前田昌孝

「株は本当にインフレに強いのか？」「日本株はなぜ6年連続で世界に負け続けるのか？」「バフェットは買いよりも売りの名手では？」――世の常識にとらわれずデータとファクトに目を向けるとマーケットの真実が見えてくる。ブラックマンデーの前から取材してきたベテラン証券記者が市場のホットイッシューに挑む精選コラム集。

日経プレミアシリーズ454

病理医が明かす 死因のホント

榎木英介

がん患者は、がんでは死なない。実はあいまいな「老衰死」。なぜ、高齢者の肺炎は怖いのか。「突然死」を避けるには？「死因不明社会」が到来する――。メディアで報じられる著名人の死をケーススタディとして、人が病気になり死に至る過程を、病理専門医が解き明かす。

日経プレミアシリーズ464

コロナ制圧 その先の盛衰

梅屋真一郎

ワクチン接種の加速により、長きにわたる混乱からの出口が見えてきた。22年春には、社会・経済の正常化が現実になる。しかし、コロナ後の日本はそれまでとは大きく異なる。低採算企業の再編は？人手不足の解消は？行政・社会・企業のデジタル化は？政府に数々の提言をしてきたキーパーソンが近未来図を描く。

日経プレミアシリーズ455

お殿様の定年後

安藤優一郎

江戸時代は泰平の世。高齢化が急速に進む中、大名達は著述活動、文化振興、芝居見物などで隠居後の長い人生を謳歌した。権力に未練を残しつつもそれぞれの事情で藩主の座を降りた後、時に藩の財政を逼迫させながらもアクティブに活動した彼らの姿を通じ、知られざる歴史の一面を描き出す。